AI와 코인 투자

AI총서

인공지능 시대입니다. 기계가 인간의 인지를 대신하고, 사물이 인간을 통하지 않고 다른 사물과 직접 커뮤니케이션합니다. 이에 따른 인간 삶과 문명 변화를 정확히 이해 · 예측 · 대응하는 것은 이 시대 우리 모두의 과제입니다. AI총서는 인공지능 기술과 환경의 여러 주제를 10가지 키워드로 정리합니다. 관련 개념과 이론, 학계와 산업계의 쟁점, 우리 일상의 변화를 다룹니다. 인간과 기술의 현재, 미래를 세심히 분석합니다.

일러두기

- 인명, 작품명, 저서명, 개념어 등은 한글과 함께 괄호 안에 해당 국가의 원어를 병기했습니다.
- 외래어 표기는 현행 어문규정의 외래어표기법을 따랐습니다.

처음이세요?

전문가세요?

AI와 코인 투자

심양섭

대한민국, 서울, 커뮤니케이션북스, 2025

AI와 코인 투자

지은이 심양섭
펴낸이 박영률

초판 1쇄 펴낸날 2025년 11월 28일

커뮤니케이션북스(주)
출판 등록 2007년 8월 17일 제313-2007-000166호
02880 서울시 성북구 성북로 5-11
전화(02) 7474 001, 팩스(02) 736 5047
commbooks@commbooks.com
www.commbooks.com

ISBN 979-11-430-1547-1 03500

책값은 뒤표지에 표시되어 있습니다.

차례

정보 기반 투자를 위한 무대 설정

AI와 코인 투자의 결합은 더 이상 선택이 아니라 생존의 조건이 되었다. 2017년과 2021년의 불장, 2022년의 혹한기를 거쳐, 한국의 개인 투자자들은 제도권 유동성 유입과 '가상 자산 이용자 보호법' 시행이라는 새로운 현실 속에 서 있다. '불장'이란 투자자들이 강세장을 일컫는 은어다. '제도권 유동성 유입'은 전통 금융 자금의 대규모 유입을 말한다.

이제 코인 시장은 단순히 비트코인(Bitcoin) 가격이 오르내리는 데서 그치지 않는다. 비트코인은 세계 최초의 암호화폐로, 중앙은행이나 정부 없이 개인 간에 직접 거래할 수 있도록 만든 디지털 돈이다. 블록체인(Blockchain) 기술을 기반으로 하며, 발행량이 2100만 개로 한정되어 있다. 2008년 나카모토 사토시(中本哲史)가 제안한 비트코인 시스템은 블록체인을 기반으로 거래 내역을 투명하게 기록하면서도 익명성을 보장한다는 특징을 가졌다. 비트코인은 흔히 "코인 시장의 대장주"라고 불린다. 가장 먼저 등장했고, 현재까지도 시가 총액과 영향력이 가장 크기 때문이다. 한마디로 비트코인은 암호화폐 시장의 맏형이자 '디지털 금'이라 불릴 수 있다.

블록체인은 거래 기록을 '블록'에 담아 차례대로 연결하고, 이를 모든 참여자가 함께 나눠 확인하는 기술이다. 한 번 기록되면 바꾸기 어렵고 중앙 관리자가 없어도 안전하게 유지된다. 쉽게 말해 "누구나 볼 수 있는 디지털 거래 장부"라고 이해하면 된다. 물론 블록체인은 금융 거래뿐 아니라 투표, 의료 기록, 물류 추적, 저작권 관리 등에서 활용되며, 신뢰할 수 있는 데이터 공유 방식을 열어주었다. 중앙 기관 없이도 기록을 안전하게 보관 · 검증할 수 있기 때문에, 사회 전반에서 "투명성과 신뢰를 높이는 디지털 혁신 도구"로 자리 잡고 있다. 한마디로 블록체인은 "돈의 기술을 넘어, 신뢰의 기술"이라고 할 수 있다.

이제 코인 시장은 비트코인을 넘어 훨씬 더 넓고 복잡한 영역으로 확장되었다. 오늘날 가상 자산 시장은 AI와 연결된 토큰, 집이나 그림 같은 실물 자산을 코인으로 바꾼 실물 연계 자산(RWA, Real-World Assets), 은행 없이 거래하는 금융 서비스(탈중앙화 금융: DeFi, Decentralized Finance), 가격이 안정적인 가상 자산인 스테이블 코인(Stablecoin)까지 다양한 분야로 퍼져나갔다. 그래서 기회도 많아졌지만 위험도 커졌다. 투자자는 이제 단순히 코인을 들고 있는 것만이 아니라 세금과 규제, 보안 문제, 투자 심리, 그리고 정보 정리까지 여러 가지를 한꺼번에 챙겨야 하는 상황에 놓여 있다.

이 책은 그 해답으로 AI를 제안한다. AI는 방대한 뉴스와 공시, 코인의 공개 장부 자료인 온체인 데이터(On-chain data)의 흐름을 분석해 이상 신호를 감지하고, 투자자가 흔들릴 때 다시 균형을 찾도록 돕는다. 그러나 기술에 대한 맹신은 또 다른 착시를 불러올 수 있기에 원칙과 자기 점검은 반드시 병행되어야 한다. 세계적인 투자자인 워런 버핏(Warren Buffett)의 "남들이 탐욕스러울 때 두려워하라"는 경구처럼, 준비된 절제와 자기 규율이야말로 투자자의 가장 큰 무기다. AI는 도구일 뿐, 마지막 결론은 스스로의 원칙에 따라 내려야 한다. 이 책은 그 길을 안내하는 열 가지 실전 플레이북(상황별 행동 지침서, Playbook)을 제시하며, 모든 한국의 개인 투자자가 흔들리지 않는 투자자로 성장하도록 돕고자 한다.

2017년과 2021년의 불장, 2022년의 혹한기를 통과한 뒤, 우리는 '개인 투자자 중심의 초변동성 시장'이라는 가상 자산의 본질을 보다 명확히 보게 되었다. 2024~2025년, 미국의 현물 비트코인 ETF(상장 지수 펀드,

Exchange-Traded Fund) 승인과 거래 개시는 제도권 유동성을 시장 안으로 끌어들였고, 이는 직접 보유와 간접 노출 간의 선택지를 넓혔다. 동시에 한국에서는 '가상 자산 이용자 보호법' 시행으로 사업자 책임과 시장 질서 규율이 강화되었다. 그 결과 개인 투자자는 보유 · 세무 · 규제 · 보안 · 심리 · 정보 처리라는 여섯 개의 퍼즐을 동시에 맞춰야 하는 시대를 맞았다.

이 책은 투자자의 생존 확률을 높이는 'AI 운영 위생(operational hygiene)'을 제시한다. 'AI 운영 위생'이란 AI가 내놓은 결과를 무조건 믿지 않고, 데이터 출처 확인 · 기록 · 검증을 습관처럼 지켜내는 깨끗한 사용 태도다. AI는 뉴스 · 공시 · 온체인 데이터의 요약, 이상 탐지, 시나리오 분석, 규칙 기반 운용과 알림에서 강력한 도구다. 그러나 데이터를 지나치게 맞추다 보니 오히려 실제 상황에는 잘 맞지 않는 '과최적화(Overfitting)'와 AI가 실제 근거가 없는 내용을 사실처럼 만들어 내는 '환각(Hallucination)'을 경계하지 않는다면 AI는 오히려 착시를 키운다. 이 책은 데이터의 출처를 끝까지 추적하고, 수치의 맥락을 기록하며, 결정의 근거를 문서화하는 태도를 기본값으로 삼을 것이다. 미국 투자자들의 멘토로 불리는 하워드 막스(Howard Marks)의 말처럼, "예측은 어려우나 준비는 가능"하다. 따라서 이 책은 '예측'이 아닌 '준비'를 위한 플레이북이다.

2025년, 가상 자산 시장의 새로운 지형도

2025년의 가상 자산 시장은 더 이상 비트코인이라는 단일 자산의 등락에만 좌우되는 단조로운 공간이 아니다. 지난 몇 년간의 혹독한 가상 자산 시장의 겨울인 '크립토 윈터(Crypto Winter)'를 지나 가상 자산 시장의 봄인 '크립토 스프링(Crypto Spring)'을 맞이한 시장은 비트코인 현물 상장 지수 펀드(ETF) 승인과 같은 제도권의 포용을 발판 삼아 막대한 기관 자본이 유입되는 등 질적으로 성숙한 단계로 진입했다.

이제 시장은 인공지능과 결합한 AI 토큰, 집이나 그림 같은 실제 자산을 코인으로 바꾼 실물 연계 자산, 은행 없는 금융 거래를 가능하게 함으로써 전통 금융의 대안을 제시하는 탈중앙화 금융, 그리고 글로벌 결제망의 근간이 되어 가는 스테이블 코인 등 뚜렷한 성장 동력을 가진 여러 섹터로 분화하며 복잡하고 정교한 생태계를 구축하고 있다. 이러한 변화는 가상 자산이 단순한 투기적 대상을 넘어, 실질적인 효용 가치와 전통 경제와의 연결고리를 갖춘 신흥 자산군으로 진화하고 있음을 의미한다.

AI 기술은 블록체인 네트워크의 효율성을 높이고, 실물 연계 자산은 유동성이 낮았던 실물 자산에 새로운 가치를 부여하며, 탈중앙화 금융은 중개자 없는 금융 서비스를 제공한다. 이는 투자자들에게 과거와는 비교할 수 없을 정도로 다양한 기회를 제공하는 동시에, 각 섹터의 본질적인 가치와 기술적 잠재력을 이해해야만 생존할 수 있는 고도화된 투자 환경이 도래했음을 시사한다. 인터넷 밈(유행 이미지나 농담)에서 탄생한 장난스러운 코인 시장인 밈코인 섹터(Meme Coin Sector)의 경우 2024년 한 해에만 200%가 넘는 상승률을 기록했고, 스테이블 코인 시가 총액은 2040억 달러에 육박하며 사상 최대치를 경신했다. 비트코인을 활용한 탈중앙화 금융 시장(BTCFi, Bitcoin-based Decentralized Finance)도 65억 달러 규모로 성장하며 새로운 가능성을 열었다. 이제 '어떤 코인이 오를까'라는 막연한 질문은 '어떤 기술 섹터가 미래의 부가 가치를 창출할 것인가'라는 정교한 질문으로 대체되어야 한다. 이 책은 바로 그 질문에 답하기 위한 첫걸음이 될 것이다.

잿더미 위에서 배우다

2025년의 희망적인 시장 전망 이면에는 결코 잊어서는 안 될 쓰라린 과거가 존재한다. 2022년은 가상 자산 역사상 가장 파괴적인 실패 사례로 기록된 해였다. 가격을 유지하기 위해 자동 조절 프로그램이 붙은 코인인 알고리즘 스테이블 코인(Algorithmic Stablecoin)의 구조적 결함을 드러내며 단 며칠 만에 수십조 원의 가치를 증발시킨 '테라/루나 사태(Terra/Luna Collapse)'는 '안정적'이라는 이름이 얼마나 허상일 수 있는지를 증명했다. 이 사건은 특정 알고리즘에 대한 맹신이 어떤 비극으로 이어질 수 있는지, 그리고 시스템 전체를 붕괴시키는 '죽음의 소용돌이(Death Spiral)'가 어떻게 작동하는지를 생생하게 보여 주었다. 여기서 알고리즘이란 사람이 직접 개입하지 않고 수요와 공급을 자동으로 조절해 코인 가치를 유지하려는 장치를 말한다.

테라(UST, TerraUSD)의 가치가 1달러 아래로 떨어지자, 이를 방어하기 위해 자매 코인인 루나(LUNA)가 무한정 발행되는 알고리즘이 작동했다. 하지만 시장의 신뢰가 무너지자 루나의 가치가 폭락했고, 이는 다시 테라의 가치를 더욱 떨어뜨리는 악순환을 낳았다. 결국 두 코인의 가치는 0에 수렴했고, 이는 어떠한 실물 담보 없이 오직 알고리즘에만 의존하는 시스템의 내재적 취약성을 전 세계에 각인시켰다.

얼마 지나지 않아 발생한 'FTX 붕괴' 사태는 또 다른 차원의 위험을 경고했다. FTX는 2019년 샘 뱅크먼-프리드(Sam Bankman-Fried)라는 미국의 기업가가 설립한 암호화폐 파생 상품 거래소 이름이다. 세계 3대 거래소라는 화려한 외관 뒤에 숨겨진 부실과 사기는 중앙화된 주체에 대한 신뢰가 얼마나 위험한지를 각인시켰다. FTX의 파산은 단순히 하나의 기업이 무너진 사건이 아니었다. 이는 시장 전체에 유동성 위기를 전염시켰고, 한국의 고팍스(Gopax, Global Online Professional Asset eXchange)가 제공하던 '고파이(Gofi, Gopax Finance)' 서비스 중단 사태에서 볼 수 있듯 국경을 넘어 수많은 연관 기업과 투자자들에게 직접적인 피해를 안겼다.

한국의 가상 자산 거래소 고팍스는 과거 '고파이'라는 예치형 서비스에서 사용자가 코인을 맡기면 이자를 지급하는 상품을 운영했다. 그러나 2022년 말 글로벌 대형 거래소 FTX 붕괴가 발생하면서, 고파이 서비스 자산의 일부가 FTX와 그 자회사(특히 제네시스 글로벌 캐피털, Genesis Global Capital)에 연계되어 있다는 사실이 드러났다. 이로 인해 투자자 자금이 묶이게 되었고, 고팍스는 고파이 서비스 지급 중단을 공식 발표했다. 결국 고

파이 사태는 FTX 파산으로부터 전이된 유동성 위기의 한 단면이었으며, 한국 투자자들 역시 글로벌 가상 자산 시장 붕괴의 직격탄을 맞은 사례로 기록된다.

이 두 사건은 가상 자산 투자의 성공이 단순히 유망한 프로젝트를 고르는 데에만 있지 않다는 사실을 명확히 보여 준다. 보이지 않는 시스템 리스크와 거래 상대방 리스크를 이해하고 관리하는 능력이 없다면, 아무리 뛰어난 투자자라도 한순간에 모든 것을 잃을 수 있다. 따라서 성공적인 투자는 화려한 수익률을 좇기 전에, 이러한 실패의 원인을 철저히 복기하고 같은 실수를 반복하지 않기 위한 견고한 원칙을 세우는 데서 시작되어야 한다.

한국 가상 자산 시장의 형성과 전개

2008년 글로벌 금융 위기가 기존 시스템에 대한 불신을 낳았을 때, 그 잿더미 속에서 비트코인이라는 새로운 가능성이 싹텄다. 중앙기관 없이 개인 간의 신뢰를 블록체인 기술로 구현한 이 디지털 자산은 한국 시장에도 상륙하며 거대한 폭풍의 눈이 되었다.

한국의 가상 자산 시장은 2010년대 초반 비트코인의 등장과 함께 태동했다. 한국에서는 2013년경부터 일부 IT(Information Technology, 정보 기술) 커뮤니티와 개인 투자자들을 중심으로 거래가 시작되었고, 곧 전 세계적인 열풍과 함께 빠르게 대중화되었다.

초기 한국 시장은 규제의 공백 속에서 그야말로 미국의 '서부 개척 시대'와 같았다. 막대한 부를 거머쥘 수 있다는 기대감에 투자자들이 몰려들었고, 시장은 극심한 변동성 속에서 투기와 혁신의 경계를 넘나들었다. 이는 한국 시장의 과열 정도를 보여 주는 바로미터이자, 글로벌 시장과 분리된 '갈라파고스'적 특성을 상징하는 현상이 되었다.

2017년은 한국 가상 자산 시장의 분수령이었다. 비트코인 가격이 급등하면서 "묻지마 투자"가 확산되었고, 하루 거래량이 수조 원대를 기록하기도 했다. 그러나 광풍(狂風) 속에서 많은 초보 투자자들이 고점 매수와 급락을 경험하며 손실을 떠안았다. 이는 "달도 차면 기운다"는 격언처럼, 과열된 시장은 반드시 조정기를 맞는다는 교훈을 남겼다.

2017년과 2021년의 폭발적인 가격 상승기는 시장의 외연을 급격히 확장시켰지만, 그 이면에는 값비싼 교훈이 따랐다. 알고리즘의 허점을 드러내며 하루아침에 휴지 조각이 된 '테라/루나 사태'와 세계 3대 거래소였던 'FTX'의 파산은 전 세계 가상 자산 시장을 뒤흔들었다.

이 사건들은 특정 기관이나 거래소에만 의존하는 것이 얼마나 위험한지를 똑똑하게 보여 주었다. 이러한 글로벌 대형 악재는 국내 시장에도 직접적인 타격을 주며, '소 잃고 외양간 고친다'는 격언처럼 투자자 보호와 규제 확립의 필요성을 절감하게 했다.

이후 한국 정부는 무분별한 투자와 불법 행위를 막기 위해 규제의 필요성을 인식했다. 특히 2018년과 2019년 국내 주요 코인 거래소에 대한 잇따른 초대형 해킹 사건은 수백억 원대 자산 유출로 이어졌고, 거래소의 보안 리스크가 얼마나 큰지를 여실히 보여 주었다. 이는 투자자 보호와 제도권 편입의 필요성을 강화시킨 계기가 되었다. 드디어 2024년에는 「가상 자산 이용자 보호법」이 시행되었다. '소 잃고 외양간 고친다'는 속담처럼, 뼈아픈 해킹과 사건 사고가 제도화의 촉매제가 된 것이다.

'세계 2위 거래량' 한국 시장의 명과 암

한국은 명실상부한 글로벌 가상 자산 시장의 중심축이다. 비트코인 원화 거래량은 세계 2위를 기록할 정도로 투자 열기가 뜨겁고, 시장 참여자들의 활동 또한 매우 역동적이다. 2024년 1분기에는 원화가 미국 달러를 제치고 세계에서 가상 자산을 가장 많이 거래한 화폐가 되기도

했다. 그러나 이 화려한 지표의 이면에는 한국 시장만이 가진 독특한 구조적 특성과 그에 따른 위험이 존재한다.

한국 시장은 극소수의 대형 거래소가 시장 대부분을 장악하고 있으며, 자본력과 정보 접근성에서 상대적으로 취약한 개인 투자자가 시장의 절대 다수를 차지한다. 이러한 구조는 몇 가지 독특한 현상을 낳는다. 대표적인 것이 바로 '김치 프리미엄'이다. 이는 동일한 가상 자산이 해외 거래소보다 국내 거래소에서 더 비싸게 거래되는 현상으로, 한국 시장의 과열 정도를 측정하는 바로미터 역할을 한다. 강력한 외환 관리법으로 인해 국내외 시장 간 차익 거래가 제한되고, 개인 투자자 중심의 시장 심리가 쏠림 현상을 일으키면서 이러한 가격 불균형이 발생하고 쉽게 해소되지 않는다.

또한 유동성이 대부분 국내 거래소에 집중된 소위 '김치 코인(K-Coins)'은 글로벌 시장의 흐름과 무관하게 움직이거나, 특정 세력에 의해 시세 조작에 취약한 모습을 보이기도 한다. 개인 투자자 중심의 시장은 군중 심리에 쉽게 휩쓸려 '포모(FOMO, Fear Of Missing Out)'와 '패닉셀(Panic Sell)'이 극단적으로 나타난다.

포모는 남들이 돈 버는 기회를 놓칠까 불안해서 무리하게 따라 사는 심리이고, 패닉셀은 가격이 급락하자 겁

이 나서 손해를 감수하고라도 서둘러 파는 행동이다. 한마디로 포모는 "나만 뒤처질까 두려워서 사는 것", 패닉셀은 "더 큰 손실이 두려워서 급히 파는 것"이다.

이는 세계 어느 시장보다 높은 변동성의 직접적인 원인이 된다. 즉, 한국 투자자들은 글로벌 시장의 거시적 변동성 위에 '한국 시장만의 국지적 변동성'이라는 또 하나의 파도를 넘어야 하는 이중고에 처해 있다. 이러한 시장의 특성을 이해하지 못한다면, 글로벌 시장 분석만으로는 설명할 수 없는 갑작스러운 손실에 무방비로 노출될 수밖에 없다.

코인 시장에 열광하는 한국 청년들

한국 가상 자산 시장의 두드러진 특징은 다수를 차지하는 개인 투자자, 그중에서도 청년층의 높은 참여율이다. 한국 금융정보분석원(FIU)의 2021년도 하반기 가상 자산 사업자 실태 조사 결과, 국내 가상 자산 시장 규모가 55조 원을 돌파했고, 실거래 이용자는 558만 명에 달했는데 이 중 30 · 40대 이용자가 전체의 약 60%를 차지했다. 그 이유는 여러 요인에서 찾을 수 있다. 첫째, 이 세대는 외환 위기와 2008년 금융 위기를 경험하며 부모 세대의 한계와 제도적 불평등을 목격했고, 전통적 부동산 · 주식 시장에서 상대적 박탈감을 크게 느꼈다. 월급이나 부동산만으로는 '내 집 마련'의 꿈이 요원해진 청년들에게, 코인 시장은 인생 역전의 기회를 품은 동아줄처럼 보인다.

둘째, 모바일 환경과 디지털 기술에 익숙해 신흥 자산군인 코인 투자에 대한 접근성이 높았다. 셋째, 빠른 부의 축적을 원하는 욕망이 강하게 작동했다. 워런 버핏의 말처럼 "시장은 인내심 없는 사람에게서 인내심 있는 사람에게로 돈이 이동하는 장치"지만, 한국의 청년 투자자들은 "한탕" 심리에 쉽게 흔들리곤 한다. 특히 청년층의 강한 동조 효과는 '모 아니면 도' 식의 투자를 부추긴다.

이러한 구조는 시장 변동성을 한층 키운다. 집단적 공포가 몰리면 '패닉셀'이 일어나고, 소문에 휩쓸리면 가격이 급등락하는 양상이 반복된다. 결국 청년 투자자들의 역동적인 에너지가 시장의 활력인 동시에, 예측 불가능한 위험의 근원이 되는 양날의 검인 셈이다. 그래서 한국 코인 시장에는 제도와 AI 기반 투자 보조 도구가 더욱더 절실하다.

AI라는 분석 도구를 손에 쥔 일반 투자자들

테라/루나와 FTX 사태는 한 명의 천재 개발자나 신뢰받는 거래소에 대한 믿음이 얼마나 허망하게 무너질 수 있는지를 증명했다. 이러한 거대한 실패는 단순한 가격 예측이나 시장 분위기만으로는 예측할 수 없었다. 그 이면에는 복잡한 알고리즘의 허점, 불투명한 재무 구조, 그리고 온체인 데이터에 숨겨진 위험 신호들이 있었다. 과거에는 이러한 심층적인 분석이 소수의 전문가나 기관 투자자들의 전유물이었지만, 이제 상황이 달라졌다. AI 기술의 발전은 일반 투자자들에게도 전문가 수준의 분석 도구를 손에 쥐여 주었다.

진정한 패러다임의 전환은 단순히 새로운 AI 도구가 등장했다는 사실 그 자체에 있지 않다. 과거의 실패가 '데이터에 기반한 객관적 검증' 없이는 생존할 수 없다는 교훈을 주었기 때문에, AI를 활용한 투자 방식이 이제는 선택이 아닌 필수가 되었다는 점이 더 중요하다. 인간의 직관, 감정, 맹목적 믿음은 시장의 극단적 변동성과 교묘한 속임수 앞에서 무력하다는 것이 증명되었다. 이제 투자자는 자신의 감정으로부터 자산을 보호하고, 객관적인 데이터에 기반하여 의사 결정을 내리기 위한 자신만의 시스템을 구축해야 한다.

AI는 바로 그 시스템을 구축하는 가장 강력한 도구다. AI는 뉴스, 소셜 미디어 등 방대한 양의 비정형 데이터를 분석하여 시장의 감정을 정량화하고, 복잡한 온체인 데이터를 해석하여 네트워크의 건강 상태를 진단하며, 수십 가지 기술적 지표를 동시에 고려하여 확률적으로 우위인 매매 시점을 포착한다. 이 책은 감정적 투기의 시대를 끝내고, 모든 한국의 개인 투자자들이 데이터와 AI라는 무기를 장착하여 정보에 기반한 현명한 투자자로 거듭날 수 있도록 돕는 실전 안내서가 될 것이다.

워런 버핏은 "남들이 탐욕스러울 때 두려워하고, 남들이 두려워할 때 탐욕스러워지라"고 말했다. 미국의 금융혁신가인 존 보글(John C. Bogle)은 "흔들려도 코스를 지켜라"라고 했고, 미국의 경제학자이자 교수인 벤저민 그레이엄(Benjamin Graham)은 "투자자의 최대의 적은 자기 자신"이라고 경고했다. 이 말들은 모두 '자기 규율'과 '긴 호흡'이라는 공통점을 가진다.

'과유불급(過猶不及)', 지나침은 미치지 못함과 같다. 빚을 내서 투자하는 것(레버리지, Leverage)이나, 무조건 오를 거라는 지나친 믿음에도 똑같이 조심해야 한다. 즉, 너무 큰 빚을 지거나, 자기 판단에 대한 과도한 확신은 결국 위험을 키운다. 자산 자체와 나의 재무 상태 · 성향을 함께 아는 태도가 필수다.

너무 빠르지도 너무 느리지도 않게, 알아야 할 것을 알고 할 일을 하면, 결과는 따라온다. 투자에서 중요한 것은 꾸준함과 자기 점검이다. 준비와 점검을 다한 뒤 결과를 겸허히 받아들이는 균형 감각이 필요하다. 체크리스트를 활용해 손절 규칙, 분할 매수 계획, 보관 전략, 세금 · 규제 캘린더를 주기적으로 재점검하기 바란다. AI는 뉴스 · 온체인 · 거버넌스를 빠르게 요약하고 이상 신호를 알려주는 '초읽기 도구'로 쓰되, 최종 결론은 스스로의 원칙에 맞춰 확인해야 한다.

참고문헌

김원호(2024). "[3분 컨설팅] 비트코인 알고리즘을 통한 AI 카피라이팅 시스템 구축". 《마케팅》, 58(7), 9~16쪽.

박종한(2024). 《슈퍼코인 투자지도》. 거인의정원.

신년기 외(2025). 《코인 초보투자자를 위한 돈 되는 지식》. 메이트북스.

심양섭(2025). 《인공지능과 가상 화폐》. 커뮤니케이션북스.

이지헌(2024.1.11). "美증권위, 11개 비트코인 현물 ETF 상장 승인… 11일부터 거래(종합)". 연합뉴스. https://www.yna.co.kr/view/AKR20240111011753072?input=copy.

정혜인(2024.7.23). "이더리움 현물ETF도 미국서 승인받았다… 비트코인처럼 오를까". 머니투데이. https://www.mt.co.kr/world/2024/07/23/2024072309454188761.

최성락(2025). 《50만 원에 산 비트코인 1억 원이 넘어도 안 파는 이유》. 여린풀.
한만혁(2024.7.19). "가상 자산 첫 규제 '가상 자산 이용자 보호법' 시행". 동아일보.
https://www.donga.com/news/It/article/all/20240719/126013106/1

01
가치투자로의 전환

AI는 가상 자산 시장에서 개인 투자자의 관점을 바꾸는 촉매제다. 단순한 가격 추격이나 소문에 휩쓸리던 과거와 달리, AI는 프로젝트의 본질을 살피고 가치투자의 길로 나아가도록 이끈다. 단기적 투기를 벗어나 장기적 안목을 갖추도록 돕는 것이다. 이는 '무엇에 투자할 것인가'라는 근본 질문에 답을 제시한다. 투자자는 내재 가치와 지속 가능성을 기준으로 대상을 고른다.

기후 위기와 인공지능?

투기에서 투자로

많은 개인 투자자들이 가상 자산 시장에 처음 발을 들일 때, 단기적인 가격 변동에만 집중하는 경향이 있다. 이는 가상 자산을 '투자'의 대상이 아닌 '투기'의 대상으로 바라보는 관점에서 비롯된다. 그러나 변동성이 극심한 이 시장에서 지속 가능한 성공을 거두기 위해서는 근본적인 관점의 전환이 필요하다. 가상 자산을 단순히 가격이 오르내리는 디지털 숫자로 보는 것이 아니라, 특정 문제를 해결하기 위해 탄생한 '신흥 기술' 또는 '초기 단계의 스타트업'에 대한 투자로 인식해야 한다.

이러한 관점의 전환은 투자 대상을 선택하는 기준을 완전히 바꾼다. 더 이상 소셜 미디어의 소문이나 급등하는 차트에 현혹되지 않고, 해당 프로젝트가 장기적으로 생존하고 성장할 수 있는 내재적 가치를 지니고 있는지 탐색하게 된다. 이는 마치 유망한 기술 기업의 주식을 매수하기 전에 그 기업의 사업 모델, 기술력, 경영진, 재무 상태를 분석하는 것과 같은 이치다.

이러한 가치투자 접근법은 단기적인 시장의 소음에 흔들리지 않고, 장기적인 관점에서 옥석을 가려낼 수 있는 견고한 토대를 마련해 준다. 모든 프로젝트가 성공할 수는 없지만, 실질적인 문제를 해결하고 강력한 커뮤니티를 구축하며 지속 가능한 경제 모델을 가진 프로젝트는 장기적으로 살아남아 그 가치를 인정받을 가능성이 높다.

여기서 프로젝트란 가상 자산 시장에서 특정 코인이나 토큰을 발행하고 운영하는 팀과 그들의 기술·서비스 전체를 가리킨다. 하나의 코인과 그 코인을 만드는 회사(또는 팀)와 사업을 통틀어 프로젝트라고 부른다.

가상 자산 시장에서 코인(Coin)과 토큰(Token)의 차이는 무엇인가? 코인은 자체 블록체인을 가진 암호화폐다. 예를 들어, 비트코인이나 이더리움(Ethereum)은 자기만의 네트워크를 갖고 있다. 토큰은 다른 블록체인 위에서 만들어진 암호화폐다. 이더리움 네트워크에서 만들어진 유니스왑(UNI, Uniswap)이나 USDT(테더, Tether) 같은 게 토큰이다. 코인은 독립적 주인공, 토큰은 남의 무대에서 활동하는 손님이라고 이해하면 쉽다.

여기서 말하는 '네트워크'는 단순히 인터넷망이 아니라, 코인의 거래 기록을 관리하고 유지하는 블록체인 시스템 전체를 뜻한다. 코인이 돌아가는 자체 무대이자 운영망인 것이다. 예를 들어, 비트코인 네트워크는 비트코인 거래만 기록하고, 이더리움 네트워크는 이더리움뿐 아니라 여러 토큰과 앱까지 함께 운영할 수 있는 무대 역할을 한다.

비트코인 네트워크가 비트코인 거래만 기록하는 이유는 설계 철학과 기능의 차이 때문이다. 비트코인 네트워크는 "디지털 화폐(전자 현금)"를 목표로 만들어졌다. 따라서 블록체인에는 누가 얼마를 주고받았는지와 같은 거래 내역만 단순하게 기록하도록 설계되어 있다. 기능은 단순하지만 보안과 안정성에 집중한 구조다. 반대로 이더리움 네트워크는 "스마트 계약(Smart Contract)" 기능을 추가해, 단순 송금 외에도 앱 실행, 토큰 발행, 탈중앙화 서비스 운영까지 가능하도록 확장되었다. 그래서 여러 토큰과 앱을 동시에 운영할 수 있는 플랫폼 블록체인으로 불린다. 정리하면 비트코인 네트워크는 화폐 거래 전용 장부인 반면에, 이더리움 네트워크는 화폐와 앱과 서비스까지 기록 가능한 다목적 무대다.

이더리움은 비트코인처럼 자체 블록체인을 가진 암호화폐이자 다양한 토큰과 앱이 만들어질 수 있는 플랫폼 블록체인이다. 플랫폼 블록체인은 단순히 코인만 거래하는 데 쓰이지 않고, 그 위에서 다른 코인(토큰)이나 앱을 만들 수 있는 기반 기술 무대다. 다른 서비스들이 올라탈 수 있는 블록체인 운영 체제라고 이해하면 된다. 유니스왑은 이더리움 위에서 운영되는 탈중앙화 거래소

(DEX)의 토큰으로, 코인 간 교환을 자동으로 해 주는 서비스다. USDT는 1달러에 가치를 맞춘 스테이블 코인으로, 코인 가격 변동이 클 때 안정적으로 자금을 보관하거나 거래할 때 주로 사용된다. 이더리움은 무대, 유니스왑은 그 무대 위의 거래소, USDT는 안정적인 디지털 달러라고 볼 수 있다.

AI를 활용한 펀더멘털 분석

프로젝트의 내재 가치를 평가하는 과정을 '기본적 분석(Fundamental Analysis)'이라고 한다. 전통적으로 이는 해당 프로젝트의 기술적 목표와 원리를 설명하는 '백서(Whitepaper)', 프로젝트를 이끄는 '개발팀'의 역량과 배경, 구체적인 개발 계획을 담은 '로드맵', 그리고 프로젝트를 지지하고 사용하는 '커뮤니티'의 활성도 등을 종합적으로 분석하는 고된 작업을 의미했다. 수십 페이지에 달하는 기술적인 백서를 읽고, 개발자들의 경력을 일일이 확인하며, 수많은 커뮤니티 채널의 여론을 파악하는 것은 개인 투자자에게 상당한 시간과 노력을 요구하는 일이다.

하지만 이제 인공지능, 특히 대규모 언어 모델(LLM, Large Language Model)의 등장은 이러한 기본적 분석의 패러다임을 바꾸고 있다. 대규모 언어 모델은 수많은 글과 데이터를 학습해, 사람처럼 글을 읽고 쓰며 질문에 답할 수 있는 인공지능이다. 방대한 텍스트를 배워서 언어를 이해하고 만들어 내는 거대한 'AI 뇌'라고 할 수 있다. 오픈에이아이(OpenAI)의 챗GPT와 구글의 인공지능 챗봇인 제미나이(Gemini)가 대표적이라고 할 수 있다. 오픈에이아이는 인공지능 연구와 개발을 선도하는 미국의 회사다.

챗GPT와 같은 AI는 더 이상 단순한 정보 검색 도구가 아니라 방대한 정보를 요약하고, 핵심을 추출하며, 잠재적 위험 신호를 포착하는 강력한 '리서치 보조원'의 역할을 수행할 수 있다. 코인 시장에 뛰어든 개인 투자자는 AI에게 백서의 핵심 기술을 쉽게 설명해 달라고 요청하거나, 개발팀의 과거 프로젝트 이력과 평판을 요약해 달라고 지시할 수 있다. 또한 프로젝트의 로드맵 달성률을 추적하고 경쟁 프로젝트와 비교 분석해 달라고 요청하는 등 과거에는 전문가의 영역으로 여겨졌던 심도 있는 기본적 분석을 훨씬 효율적으로 수행할 수 있게 되었다.

챗GPT와 같은 대규모 언어 모델의 등장은 코인 시장의 개인 투자자에게 전문가 수준의 분석 도구를 손에 쥐여 준 혁명과도 같다. 이제 개인 투자자도 기관이나 전문가 못지않게 데이터 기반의 투자 판단을 내릴 수 있는 기회를 얻은 것이다. 이는 '묻지마 투자'에서 벗어나, 프로젝트의 내재 가치와 지속 가능성을 살피는 가치투자적 전환을 촉진한다. 결국 AI의 대규모 언어 모델은 개인 투자자에게 정보 비대칭을 줄이고 생존 확률을 높이는 강력한 동반자가 된 셈이다.

챗GPT로 토크노믹스 파헤치기

가상 자산 프로젝트의 성패를 가르는 가장 중요한 요소 중 하나는 바로 '토크노믹스(Tokenomics)', 즉 토큰 경제 모델이다. 토크노믹스는 해당 토큰의 총공급량, 초기 분배 계획(팀, 투자자, 커뮤니티 할당량), 유통 계획(Vesting Schedule), 그리고 토큰의 사용처(Utility) 등을 포함하는 복잡한 경제 시스템이다. 아무리 훌륭한 기술을 가진 프로젝트라도 토크노믹스 설계에 결함이 있다면 실패할 수밖에 없다.

예를 들어, 팀과 초기 투자자에게 지나치게 많은 물량이 단기간에 분배된다면, 이들의 대규모 매도로 인해 가격이 폭락할 위험이 크다. 반대로, 토큰의 공급이 무한정 늘어나는 인플레이션 구조라면 장기적으로 가치가 희석될 수밖에 없다. 이처럼 복잡하고 중요한 토크노믹스 분석은 이제 챗GPT를 통해 훨씬 수월해졌다. 투자자는 프로젝트의 토크노믹스 관련 문서를 챗GPT에 제공하고, 다음과 같은 구체적인 질문을 통해 잠재적 위험을 신속하게 파악할 수 있다.

첫째, 초기 분배 및 유통 계획 분석이다. "이 프로젝트의 전체 토큰 공급량 중에서 팀과 초기 투자자에게 할당된 비율은 각각 몇 퍼센트인가? 그리고 이들의 록업(Lock-up) 및 베스팅(Vesting) 일정은 어떻게 되는가?"라는 질문을 통해, 단기간에 대규모 매도 물량이 시장에 풀릴 위험이 있는지 확인할 수 있다. 만약 특정 시점에 대규모 물량이 한꺼번에 록업 해제(Cliff Unlock)되는 구조라면, 해당 시점을 전후로 강력한 매도 압력이 발생할 수 있음을 예측할 수 있다.

여기서 록업은 일정 기간 토큰을 팔 수 없게 묶어두는 것, 즉 "잠금 장치"다. 베스팅은 토큰을 한꺼번에 주지 않고, 일정 기간에 걸쳐 나눠서 받을 수 있게 하는 제도다. 록업 해제는 묶여 있던 토큰이 한꺼번에 풀려 시장에 나오는 순간을 말한다. 록업은 잠금, 베스팅은 나눠 받기, 록업 해제는 잠금이 풀려 토큰이 쏟아지는 시점이라고 이해하면 된다.

둘째, 인플레이션 및 디플레이션 압력 평가다. "이 토큰의 인플레이션(공급 증가) 요인과 디플레이션(공급 감소) 요인은 무엇인가? 토큰 소각(Burn) 메커니즘이 존재하는가?"라는 질문을 통해 토큰의 장기적인 가치 보존 가능성을 평가할 수 있다. 지속적인 공급 증가는 가치 하락의 원인이 되므로 수수료 소각(Fee Burn) 등 공급을 줄이는 메커니즘의 존재 여부는 매우 중요한 평가 요소다.

여기서 토큰 소각 메커니즘은 시장에 나온 토큰 일부를 아예 없애서('불태워서') 전체 수량을 줄이는 장치, 즉 공급을 줄여 희소성을 높이는 방법이다. 수수료 소각은 거래할 때 내는 수수료 일부를 다시 돌려주지 않고 영구히 없애서 토큰 수량을 줄이는 방식이다. 토큰 소각은 공급 줄이기, 수수료 소각은 거래 때마다 조금씩 줄여나가는 방식이라고 이해하면 쉽다.

셋째, 토큰 사용처 및 수요처 분석이다. "이 토큰의 주요 사용처는 무엇인가? 사용자들이 이 토큰을 보유하거나 사용해야만 하는 구체적인 이유가 있는가?"라는 질문을 통해 토큰에 대한 실질적인 수요 기반이 있는지 확인할 수 있다. 단순히 거버넌스 투표권만 제공하는 토큰보다는 네트워크 수수료 지불, 서비스 이용권 등 명확한 사용처가 있는 토큰이 장기적으로 가치를 유지할 가능성이 높다. 거버넌스 투표권은 토큰을 가진 사람이 프로젝트의 중요한 결정(예: 규칙 변경, 개발 방향, 예산 사용 등)에 대해 투표할 수 있는 권리다. 토큰 보유자가 프로젝트 운영에 참여할 수 있는 의결권이라고 할 수 있다.

이처럼 AI를 활용하면, 과거 벤처 캐피털이나 전문 분석가들만이 수행할 수 있었던 정교한 토크노믹스 실사(Due Diligence)를 개인 투자자도 손쉽게 수행할 수 있다. 이는 정보 비대칭성을 해소하고, 투자자가 '묻지마 투자'에서 벗어나 데이터에 기반한 현명한 결정을 내릴 수 있도록 돕는 강력한 무기가 된다. 여기서 토크노믹스 실사란 토큰의 발행량, 분배 구조, 사용처 같은 경제적 설계를 꼼꼼히 따져보고 문제가 없는지 확인하는 작업이다. 토큰의 경제 구조를 건강 검진하듯 점검하는 과정이라고 보면 된다.

참고문헌

박종한(2024). 《슈퍼코인 투자지도》. 거인의정원.

Gómez-Martínez, R. & Medrano-Garcia, M.(2025). AI technology for developing Bitcoin investment strategies based on altcoin trends. *Sustainable Technology and Entrepreneurship, 4*(1), pp.1~11.

OSL(2025). Can You Trade Crypto Using AI? https://www.osl.com/hk-en/academy/article/can-you-trade-crypto-using-ai

02
기본적 분석과 기술적 분석의 결합

가상 자산 시장에서 성공하려면 단순한 투기적 접근을 넘어 AI를 활용한 가치 분석이 필수적이다. 이제 AI는 수십 페이지의 문서를 요약하고, 위험 신호를 포착하며, 경쟁 프로젝트와의 차이를 분석하는 강력한 도구다. 개인 투자자도 전문가 수준의 분석을 할 수 있다. AI는 투자자가 유행에 휩쓸리지 않고 내재 가치에 집중하며, 데이터 기반의 합리적 결정을 내릴 수 있도록 돕는다.

노래하는 AI 보컬?

가치와 타이밍의 조화

가치 있는 프로젝트를 발굴하는 기본적 분석이 '무엇을 살 것인가(What to buy)'에 대한 해답을 준다면, 기술적 분석(Technical Analysis)은 '언제 사고팔 것인가(When to buy and sell)'에 대한 통찰을 제공한다. 기술적 분석은 과거의 가격과 거래량 데이터를 분석하여 미래의 가격 움직임을 예측하려는 시도다. 아무리 내재 가치가 뛰어난 자산이라도 시장이 과열된 정점에서 매수한다면 장기간 손실을 볼 수 있으며, 반대로 훌륭한 자산을 시장의 공포가 극에 달했을 때 매수한다면 단기간에 높은 수익을 얻을 수 있다.

이처럼 기본적 분석과 기술적 분석을 결합하는 '하이브리드 전략'은 가치 있는 자산을 유리한 가격에 매수하고, 시장의 과열 신호에 맞춰 수익을 실현함으로써 장기적인 투자 성공 확률을 극대화하는 가장 이상적인 접근법이다. 특히 한국 시장처럼 개인 투자자의 심리가 가격에 큰 영향을 미치는 시장에서는 기술적 분석을 통해 시장 참여자들의 집단 심리를 읽어내는 것이 더욱 중요하다. 기본적 분석이 기업의 재무제표를 분석하는 것이라면, 기술적 분석은 시장이라는 거대한 광장에서 벌어지는 사람들의 심리 게임을 읽는 것과 같다.

AI 기반 기술적 분석의 자동화

전통적인 기술적 분석은 투자자가 직접 차트를 보며 이동 평균선(Moving Average), 상대 강도 지수(RSI), 볼린저 밴드(Bollinger Bands)와 같은 다양한 보조 지표를 해석하는 방식으로 이루어졌다. 그러나 이러한 방식은 분석가의 주관이 개입될 여지가 크고, 동시에 여러 지표를 종합적으로 판단하기 어렵다는 한계가 있었다.

여기서 이동 평균선은 일정 기간의 평균 가격을 선으로 연결해, 가격이 오르는 흐름인지 내리는 흐름인지 보여 주는 기본 지표다. 주가의 단기 변동을 줄이고 큰 흐름(추세)을 쉽게 볼 수 있게 해 준다. 상대 강도 지수는 가격이 최근 얼마나 많이 오르거나 내렸는지를 숫자로 표시해, 시장이 과열(과매수)인지 침체(과매도)인지 알려주는 지표다. 보통 70 이상이면 "너무 많이 올랐다", 30 이하면 "너무 많이 떨어졌다"고 해석한다.

볼린저 밴드는 가격의 평균선을 중심으로, 위아래에 가격 변동 범위(밴드)를 표시한 지표다. 밴드가 좁아지면 곧 큰 변동이 올 수 있고, 가격이 밴드 밖으로 벗어나면 과매수나 과매도 신호로 보는 경우가 많다. 한마디로 정리하면 이동 평균선은 가격의 평균 흐름, 상대 강도 지수는 과열 · 침체 정도, 볼린저 밴드는 가격 변동 폭과 위험 신호를 보여 주는 도구다.

인공지능은 이러한 다양한 지표들을 중심으로 하는 기술적 분석의 한계를 극복하고 객관성과 효율성을 획기적으로 높여준다. AI 기반 분석 도구는 단순히 차트에 선을 긋는 것을 넘어, 수십 가지의 기술적 지표를 실시간으로 동시에 분석하고, 이들 간의 복잡한 상관관계를 학습하여 확률적으로 가장 유의미한 매수 또는 매도 신호를 생성한다. 예를 들어, 이동 평균선이 골든크로스(Golden Cross)를 형성하는 동시에 상대 강도 지수가 과매도 구간에 진입하고, 거래량이 급증하는 복합적인 상황을 포착하여 투자자에게 강력한 매수 신호를 알림으로 보내줄 수 있다. 이는 인간의 분석 능력을 뛰어넘는 수준의 다차원적 분석을 가능하게 하여, 투자 결정의 정확도를 높여 준다. 골든크로스는 단기 이동 평균선이 장기 이동 평균선을 위로 뚫고 올라가는 순간을 말하며, 보통 강한 상승 신호로 해석된다. 단기 추세가 장기 추세를 넘어설 때 나타나는 매수 신호라고 이해하면 된다.

실전 AI 도구 활용법

최근에는 개인 투자자들도 손쉽게 활용할 수 있는 AI 기반 차트 분석 애플리케이션이 다수 등장했다. '플루토

AI(Pluto AI)'나 'AI 차트 분석기(AI Chart Analyzer)'와 같은 도구들은 복잡한 설정 없이도 AI가 실시간으로 수백 개의 암호화폐 차트를 스캔하여 머리 어깨형(Head and Shoulders), 삼각 수렴(Triangle) 등과 같은 유의미한 차트 패턴이나 거래 신호를 자동으로 감지해 사용자에게 알려준다. 이러한 도구를 활용하면 투자자는 더 이상 하루 종일 차트를 들여다볼 필요 없이, AI가 보내 주는 객관적인 신호에 기반하여 매매 타이밍을 포착할 수 있다.

여기서 플루토 AI는 투자자들이 시장 데이터를 더 쉽게 이해할 수 있도록 돕는 인공지능 플랫폼이다. 복잡한 가격 흐름이나 투자 지표를 분석해 직관적인 통찰과 투자 전략을 제안해 준다. 쉽게 말해, "내 손안의 AI 투자 분석가"라고 할 수 있다.

AI 차트 분석기는 가격 차트와 기술적 지표를 인공지능이 자동으로 해석해 주는 도구다. 예를 들어, 이동 평균선이나 상대 강도 지수(RSI, Relative Strength Index) 같은 지표에서 매수·매도 신호를 찾아 알려주기 때문에 초보자도 전문가처럼 차트를 활용할 수 있다. 즉, "복잡한 차트를 쉽게 읽어 주는 AI 통역기" 같은 역할을 한다. 상대 강도 지수는 최근 일정 기간에 가격이 얼마나 많이 올랐는지와 내렸는지를 비교해, 현재 시장이 '과열(과매수)' 상태인지 '침체(과매도)' 상태인지를 알려주는 지표다. "지금 사는 사람이 너무 많은지, 파는 사람이 너무 많은지"를 수치로 보여 주는 도구다.

더 나아가 진정한 AI 기술적 분석의 힘은 단순히 과거의 가격 데이터만을 분석하는 데 그치지 않는다. 최신 AI 분석 플랫폼은 가격과 거래량 데이터에 더해, 온체인 데이터와 소셜 미디어 데이터까지 통합하여 분석한다.

예를 들어, 전통적인 기술적 분석에서 '골든크로스'라는 강력한 매수 신호가 발생했다고 가정해 보자. 과거의 투자자라면 이 신호에 따라 매수를 고려했을 것이다. 하지만 AI 기반 분석 시스템은 이와 동시에 글래스노드(Glassnode)와 같은 온체인 분석 플랫폼의 데이터를 확인한다. 만약 이때 대규모의 코인이 고래(대규모 보유자) 지갑에서 거래소 지갑으로 이동하는 흐름이 포착된다면, 이는 잠재적인 매도 압력을 의미하는 약세 신호다. 또한 샌티멘트(Santiment)와 같은 소셜 데이터 분석 플랫폼을 통해 해당 코인에 대한 부정적인 키워드가 급증하는 것을 감지할 수도 있다.

여기서 글래스노드는 블록체인에 기록된 코인 이동, 보유자 분포, 거래소 입출금 등 '온체인 데이터'를 분석해 시장 흐름을 보여 주는 플랫폼이다. 쉽게 말해 코인이 어디서 어디로 움직이는지 알려 주는 블록체인 분석 도구다. 샌티멘트는 트위터, 텔레그램 등 소셜 미디어와 뉴스에서 코인 관련 여론을 수집 · 분석해 투자 심리를 측정하는 플랫폼이다. 즉, 사람들이 코인에 대해 긍정적으로 말하는지, 부정적으로 말하는지를 보여 주는 투자 심리 온도계라고 할 수 있다. 글래스노드는 블록체인 안의 움직임(온체인 데이터), 샌티멘트는 블록체인 밖의 여론(소셜 데이터)을 보여 준다.

AI는 이처럼 서로 상충되는 정보들—기술적 강세 신호와 온체인 및 소셜 데이터의 약세 신호—을 종합하여, "강세 기술적 패턴이 나타났으나, 고래의 거래소 입금 물량 증가 및 부정적 여론 확산으로 인해 리스크가 높으니 주의가 필요함"과 같은 훨씬 더 정교하고 다각적인 분석 결과를 제공한다. 이는 투자자가 단편적인 정보에 기반한 섣부른 판단을 내리는 것을 막아 주는 강력한 안전장치 역할을 한다.

참고문헌

이지영(2024). 《탄탄하게 시작하는 코인투자 첫 공부》. 옐로우바스켓.

Incite AI. AI That Tells You What Crypto to Buy: How Incite AI is Leading the Charge. https://www.inciteai.com/articles/ai-that-tells-you-what-crypto-to-buy

Michael Automates(2025.7.27.). Build THE BEST Crypto Portfolio with AI (ChatGPT, Grok). Youtube. https://youtu.be/TpE0alDYF88?si=IS41vcTl8reLfjC_

03
적립식 분할 매수(DCA)의 힘

가상 자산 시장의 큰 변동성은 개인 투자자에게 늘 두려움이자 기회다. 그러나 시장의 고점과 저점을 맞추려는 시도는 대부분 실패로 이어진다. 이때 인공지능은 단순한 가격 추세가 아닌 데이터와 심리를 함께 분석해 전략적 대응을 가능하게 한다. AI는 적립식 분할 매수(DCA)를 자동화하고, 공포 · 탐욕 지수 같은 시장 감정을 실시간으로 반영해 매수 규모를 조절한다.

인공지능과 편향?

시장 타이밍의 함정 극복

'시장의 바닥에서 사서 천장에서 판다'는 것은 모든 투자자의 꿈이지만, 현실적으로는 거의 불가능에 가깝다. 시장의 정확한 저점과 고점을 예측하려는 시도는 필연적으로 투자자의 감정을 개입시키고, 이는 종종 최악의 결과로 이어진다. 시장이 폭락할 때 공포에 질려 매수 기회를 놓치고, 반대로 시장이 과열될 때 탐욕에 휩쓸려 최고점에서 매수하는 실수를 반복하게 되는 것이다.

이러한 '시장 타이밍의 함정'을 극복하는 가장 강력하고 간단한 전략이 바로 '적립식 분할 매수(DCA, Dollar-Cost Averaging)'다. 적립식 분할 매수는 가격 변동과 무관하게, 정해진 주기(매일, 매주, 매월)에 정해진 금액만큼 꾸준히 특정 자산을 매수하는 전략이다. 가격이 낮을 때는 더 많은 수량의 자산을 매수하게 되고, 가격이 높을 때는 더 적은 수량을 매수하게 되므로, 장기적으로 평균 매입 단가를 낮추는 효과가 있다. 이 전략의 핵심은 예측을 포기하고 기계적인 원칙을 고수함으로써, 시장의 변동성을 위험이 아닌 평균 단가를 낮출 기회로 활용하는 데 있다. 이는 투자자의 심리적 부담을 크게 줄여 주며, 장기적인 관점에서 꾸준히 자산을 축적할 수 있게 해 준다.

AI를 활용한 '스마트 DCA' 전략

기본적인 적립식 분할 매수(DCA) 전략이 '시간'을 기준으로 기계적으로 실행된다면, 여기에 인공지능을 결합하여 한 단계 더 발전시킨 것이 바로 '스마트 DCA(Smart DCA)' 전략이다. 스마트 DCA는 단순히 정해진 주기에 매수하는 것을 넘어, 시장의 '감정' 데이터를 투자 결정에 반영한다. 대표적인 예로 '공포 및 탐욕 지수(Fear & Greed Index)'를 활용하는 방법을 들 수 있다. 이 지수는 시장 참여자들의 심리를 0(극도의 공포)부터 100(극도의 탐욕)까지의 수치로 나타내는 지표다.

AI는 투자자의 가장 큰 적이 '시장'이 아니라 '자기 자신'임을 일깨워 준다. 한국 가상 자산 시장을 움직이는 주역은 다름 아닌 청년 세대 개인 투자자들이다. 그들은 종종 포모에 휘말려 남들보다 뒤처질까 두려워 고점에서 매수하고, 패닉셀에 사로잡혀 공포의 순간에 자산을 헐값에 던진다. 이 불안과 탐욕의 진폭을 숫자로 가시화한 것이 공포 및 탐욕 지수다. 0에 가까울수록 극도의 공포가, 100에 가까울수록 극도의 탐욕이 군중을 지배한다. 코로나19 팬데믹 초기, 지수가 공포 구간에 머물렀을 때를 떠올려 보라. 많은 이들이 손실을 확정지었지만, 인내한 투자자는 저점 매수의 기회를 얻었다. 반대로 2021

년 급등기 탐욕 지수가 치솟았을 때는 바로 쇠락의 전조였다. 워런 버핏의 말처럼 "시장은 조급한 자의 돈을 인내하는 자에게로 옮긴다." 우리의 옛말도 위기가 곧 기회임을 가르치고, 과열의 끝에 쇠락이 따름을 경고한다. 결국 현명한 투자자는 AI가 제공하는 이 지수를 나침반 삼아, 흔들리는 감정의 소용돌이에서 벗어나 장기적 항해를 이어간다. AI는 청년 투자자의 포모와 패닉셀을 다스리는 방화벽이자, 불확실한 시장을 밝히는 등대다.

스마트 DCA 전략은 이 지수를 활용하여, 시장에 극도의 공포가 만연할 때(예: 지수 20 이하)는 정해진 매수 금액을 2배로 늘리고, 반대로 시장이 극도의 탐욕 상태일 때(예: 지수 80 이상)는 매수를 건너뛰거나 금액을 절반으로 줄이는 식으로 투자 금액을 상황에 맞게 자동으로 조정한다. 이는 '공포에 사고 탐욕에 팔라'는 투자의 격언을 자동화된 시스템으로 구현하는 것이다. AI 기반의 자동 매매 봇은 실시간으로 공포 및 탐욕 지수를 모니터링하고, 사전에 설정된 규칙에 따라 매수 금액을 자동으로 조절할 수 있다. 이를 통해 기본적인 적립식 분할 매수 전략의 안정성은 유지하면서도, 시장의 과도한 비이성적 움직임을 기회로 활용하여 수익률을 더욱 극대화할 수 있다.

나만의 자동 매매 봇 구축하기

과거에는 자동 매매 봇을 만드는 것이 전문 프로그래머의 영역이었지만, 이제는 '크립토호퍼(Cryptohopper)'와 같은 노코드(No-code) 플랫폼이나 파이선(Python)과 같은 비교적 쉬운 프로그래밍 언어를 통해 개인 투자자도 자신만의 자동 매매 봇을 구축할 수 있게 되었다. 특히 한국 투자자들에게 친숙한 업비트(Upbit) 거래소는 파이업빗(pyupbit)이라는 파이선 라이브러리를 제공하여 손쉽게 자동 매매 프로그램을 개발할 수 있도록 지원한다. 여기서 py는 프로그래밍 언어 파이선(Python)을, upbit은 한국의 대표 암호화폐 거래소 업비트를 뜻한다. 따라서 pyupbit은 파이선으로 업비트 API(Application Programming Interface)를 다룰 수 있는 라이브러리(Library)라는 의미다.

여기서 몇 가지 용어를 정의하고 넘어가자. 파이선은 배우기 쉬운 문법을 가진 프로그래밍 언어로, 초보자도 손쉽게 코딩을 시작할 수 있게 해 준다. 파이선은 간단한 코딩으로도 복잡한 일을 해결할 수 있는 똑똑하고 편리한 언어라고 할 수 있다. 미국은 아동 친화적이고 시각적인 스크래치(Scratch) 같은 언어도 코딩에 많이 쓰지만, 한국은 교육 · 입시 · 산업 · 학원 시장이 동시에 파이선에 집중되면서 사실상 파이선이 "코딩의 표준 언어"처럼 자리 잡게 되었다. 스크래치는 MIT 미디어랩에서 만든 시각적 프로그래밍 언어로, 블록을 끌어다 놓는 방식으로 코딩을 놀이처럼 배우는 도구다. 다음으로 API는 서로 다른 프로그램이나 서비스와도 대화하고 연결할 수 있게 해 주는 통로다. 쉽게 말해 앱이나 프로그램이 서로 소통할 수 있게 해 주는 다리다. 마지막으로 라이브러리는 자주 쓰는 기능들을 미리 만들어 모아둔 도구 상자다. 한마디로 개발자가 일일이 새로 만들 필요 없이 꺼내 쓸 수 있는 기능 모음집이라고 할 수 있다.

간단한 적립식 분할 매수 봇을 구축하는 과정은 다음과 같다. 첫째, 업비트 웹사이트에서 API 키(Access Key, Secret Key)를 발급받는다. 이 키는 프로그램이 자신의 계정에 접근하여 거래를 실행할 수 있도록 하는 비밀 번호와 같으므로 절대 외부에 노출해서는 안 된다. 둘째, 파이선 개발 환경을 설정하고 파이업빗 라이브러리를 설치한다. 셋째, API 키를 사용하여 업비트 계정에 로그인하고, 특정 시간 간격(예: 매일 오전 9시)마다 지정된 금액(예: 1만 원) 만큼의 비트코인을 시장가로 매수하는 코드를 작성한다. 마지막으로, 이 프로그램을 24시간 실행될 수 있는 클라우드 서버(예: AWS EC2)에 배포하면 '나만의 24시간 자동 DCA 봇'이 완성된다.

이러한 자동화의 가장 큰 가치는 단순히 편의성을 높이는 데 있지 않다. 인간 투자자는 시장이 20% 폭락하면 공포 때문에 계획했던 매수를 주저하게 된다. 하지만 사전에 프로그래밍된 봇은 감정이 없으므로, 폭락한 시장 상황과 관계없이 정해진 규칙에 따라 정확히 매수를 실행한다. 결과적으로 봇은 더 낮은 가격에 자산을 매수하는 합리적인 행동을 수행하지만, 인간은 감정에 휩쓸려 비합리적인 결정을 내리게 된다. 이처럼 자신의 투자 원칙을 코드로 명문화하고 실행을 봇에게 위임하는 행위는, 투자 과정에서 가장 위험한 변수인 '자기 자신의 감정'을 효과적으로 통제하고 배제하는 가장 강력한 수단이 된다.

참고문헌

조동근(2025). 《조코딩의 AI 비트코인 자동 매매 시스템 만들기》. 한빛미디어.

Goldenowl(2024). Top 7 Best AI Crypto Trading Bot Free: Do They Actually Work?. https://goldenowl.asia/blog/best-ai-crypto-trading-bot

GoodcryptoX. Binance Smart Chain (BSC) Trading Bot. https://goodcrypto.app/binance-smart-chain-bsc-bot/

Online Media(2025.3.27). Best Crypto Trading Bots 2025? It's

Worth It? Complete Review. Youtube.
https://youtu.be/Pjpx7Ik3PB4?si=DvLcgVHzDiPX5Xi0

04
디지털 자산 보안

코인 투자에서 보안은 전략의 출발점이다. 거래소에 맡겨둔 자산은 해킹이나 파산 앞에 무력하다. AI 시대에는 딥페이크와 맞춤형 피싱이 개인 투자자를 노린다. 하지만 AI는 투자자를 지키는 방패도 될 수 있다. 이상 거래 탐지, 피싱 패턴 식별 등 자동화된 방어 도구로 투자자의 실수를 줄인다. 절대 원칙은 "당신의 키(Key)가 아니면 당신의 코인(Coin)이 아니다"라는 것이다.

청각장애인과 AI?

중앙화 거래소의 숨겨진 위험

대부분의 개인 투자자들은 업비트, 빗썸(Bithumb)과 같은 중앙화 거래소(CEX, Centralized Exchange)를 통해 가상 자산을 매매하고, 매수한 자산을 그대로 거래소 지갑에 보관한다. 빗썸은 한국의 대표적인 암호화폐 거래소 중 하나로, 비트코인과 다양한 가상 자산을 원화(KRW)로 사고팔 수 있는 플랫폼이다. 한국에서 업비트와 함께 가장 널리 쓰이는 코인 거래소라고 할 수 있다.

2018년 빗썸 해킹 사건은 약 350억 원 규모의 가상 자산이 순식간에 사라진 충격적인 사건이었다. 이는 거래소라는 단일한 창고에 모든 열쇠를 맡긴 '중앙화' 구조가 얼마나 취약한지를 여실히 드러냈다. 편리함 뒤에 숨은 의존은 곧 치명적인 약점이었고, 개인은 자신의 자산을 온전히 지킬 방법을 잃어버렸다. 오늘날 인공지능은 이러한 위험을 줄이는 새로운 방패가 될 수 있다. 피터 린치가 말했듯, "투자의 핵심은 감정이 아니라 이성"이다. 해킹의 교훈은 기술을 맹신하지 말고 스스로 지켜야 한다는 점이며, AI는 그 길에서 투자자를 지켜주는 파수꾼이자, 불확실한 시장을 비추는 등대가 된다.

가상 자산을 거래소 지갑에 보관하는 것은 편리하다는 장점 때문이지만, 이는 자신의 자산을 스스로 통제하지 못하는 매우 위험한 상태에 놓여 있음을 의미한다. 거래소에 자산을 보관하는 것은 진정한 소유가 아니라, 거래소에 대한 '채권(IOU, I Owe You)'을 보유하는 것과 같다. 즉, 거래소가 당신의 코인을 보관해 주고 있다는 일종의 약속 증서에 불과하다. 만약 거래소가 파산하거나 해킹당하면, 투자자는 자신의 자산을 영원히 잃을 수 있다.

2022년 세계 3대 거래소였던 FTX의 파산은 이러한 거래 상대방 리스크(Counterparty Risk)가 얼마나 치명적인지를 전 세계에 각인시켰다. 한국 역시 예외는 아니다. 과거 빗썸에서 발생한 350억 원 규모의 해킹 사건이나, 북한 해커 소행으로 밝혀진 580억 원 규모의 업비트 이더리움 탈취 사건은 국내 대형 거래소조차 해킹 위협으로부터 자유롭지 않다는 사실을 명백히 보여 준다. 따라서 가상 자산 투자의 제1원칙은 '당신의 키가 아니면, 당신의 코인이 아니다(Not your keys, not your coins)'라는 격언을 이해하고, 자신의 자산을 직접 통제할 수 있는 개인 지갑으로 옮겨 보관하는 것이다.

거래 상대방 리스크란 내 돈을 맡긴 거래소나 금융 회사가 무너지거나 해킹을 당했을 때, 내가 자산을 돌려받지 못할 위험을 말한다. 쉽게 말해, 내 지갑에 직접 돈을 보관하지 않고 남에게 맡겼을 때 그 사람이 배신하거나 사고를 당하면 나도 피해를 입는 위험이라고 할 수 있다.

하드웨어 지갑 사용 설명서

개인 지갑은 크게 인터넷에 연결된 상태로 사용하는 '핫 월렛(Hot Wallet)'과 인터넷과 완전히 분리된 물리적 장치에 개인 키를 보관하는 '콜드 월렛(Cold Wallet)', 즉 '하드웨어 지갑'으로 나뉜다. 편의성 면에서는 핫 월렛이 우수하지만, 보안성 면에서는 하드웨어 지갑이 압도적으로 안전하다. 하드웨어 지갑은 개인 키를 오프라인 상태로 저장하기 때문에 온라인을 통한 해킹 시도로부터 원천적으로 안전하다.

하드웨어 지갑 보안의 핵심은 장치를 처음 설정할 때 생성되는 12개 또는 24개의 단어로 이루어진 '복구 구문(Recovery Phrase 또는 Seed Phrase)'에 있다. 이 복구 구문은 지갑에 접근할 수 있는 마스터키와 같아서, 지갑을 분실하거나 파손했을 때 자산을 복구할 수 있는 유일한 수단이다. 따라서 복구 구문은 절대 컴퓨터나 스마트폰에 파일 형태로 저장하거나 사진을 찍어서는 안 되며, 반드시 제공된 종이에 적어 물리적으로 안전한 곳(예: 은행 금고)에 보관해야 한다.

또한 자산을 전송하거나 수령할 때는 반드시 컴퓨터 화면의 주소와 하드웨어 지갑의 작은 화면에 표시되는 주소가 일치하는지 교차 확인하는 습관을 들여야 한다. 이는 악성코드에 감염된 컴퓨터가 화면의 주소를 해커의 주소로 바꿔치기하는 공격을 방지하기 위함이다. 내 지갑을 열 수 있는 개인 비밀 번호인 PIN(Personal Identification Number) 번호를 3회 틀리면 장치가 초기화되지만, 복구 구문만 있으면 언제든 자산을 복구할 수 있으므로 복구 구문의 안전한 보관이 무엇보다 중요하다.

AI 시대의 신종 위협과 방어 전략

인공지능 기술의 발전은 보안 분야에서도 양날의 검으로 작용한다. 해커들은 이제 AI를 이용해 과거와는 비교도 할 수 없을 정도로 정교한 공격을 시도한다. 예를 들어, AI는 특정 개인의 SNS 활동이나 이메일 내용을 학습하여 지극히 개인화된 피싱(Phishing) 이메일을 작성할 수 있다. 더 나아가 특정 거래소 CEO의 목소리와 얼굴을 학습한 AI가 그의 모습을 완벽하게 흉내 낸 딥페이크(Deepfake) 영상을 만들어 "긴급 보안 업데이트가 필요하니, 아래 링크를 통해 지갑을 인증하고 복구 구문을 입력하라"고 유도하는 사회 공학적 공격도 가능해졌다.

딥페이크는 인공지능을 이용해 사람의 얼굴, 목소리, 행동을 진짜처럼 합성해 만든 가짜 영상이나 음성을 말한다. AI가 만든 정교한 가짜 영상 · 음성이라고 이해하면 된다. AI는 투자자를 속이는 도구로도 활용되지만, 투자자를 지키는 보호자로도 기능한다. 예를 들면 이상 거래 탐지, 피싱 패턴 식별, '복구 구문' 관리 알람 등 자동화된 방어 도구로 투자자의 실수를 줄인다.

첫째, 이상 거래 탐지(Abnormal Transaction Detection)는 평소와 다른 비정상적인 거래를 자동으로 찾아내는 기능이다. 예컨대 평소 하루에 10만 원만 거래하던 계정에서 갑자기 1억 원이 출금 요청된다면, AI가 이를 "이상 거래"로 감지해 경고하거나 거래를 잠시 멈추게 한다. 수상한 거래를 미리 걸러주는 보안 장치다.

둘째, 피싱 패턴 식별 (Phishing Pattern Recognition)은 해커가 가짜 사이트나 이메일을 만들어 투자자의 정보를 빼내려는 수법을 미리 알아차리는 기능이다. 일례로 해커가 만든 가짜 업비트 로그인 화면이 실제 화면과 아주 비슷해도, AI는 글자체 · 링크 주소 · 문장 패턴을 비교해 "피싱 의심"이라고 알려줄 수 있다. 가짜 사이트나 속임수 메시지를 미리 찾아내는 AI 경고 시스템인 셈이다.

셋째, 복구 구문 관리 알람(Recovery Phrase Management Alert)은 지갑을 복구할 때 필요한 12~24개의 단어(복구 구문)를 안전하게 보관하도록 도와주는 알림 기능이다. 예를 들어 AI가 "복구 구문을 사진으로 찍어 클라우드에 저장하지 마세요", "은행 금고처럼 오프라인에 보관하세요"라고 주기적으로 알려준다. 복구 열쇠를 잘못 보관해 잃어버리지 않도록 돕는 안전 가이드다.

이처럼 AI로 인해 공격 기법이 고도화될수록, 역설적으로 가장 효과적인 방어 수단은 가장 단순하고 근본적인 보안 원칙을 지키는 것이다. 아무리 정교한 AI가 만든 딥페이크 영상이라도, "복구 구문은 그 어떤 상황에서도 컴퓨터나 스마트폰에 입력하지 않는다"는 절대 원칙을 지키는 투자자는 속일 수 없다. AI가 생성한 교묘한 피싱 사이트도, "모든 거래 정보는 반드시 하드웨어 지갑의 물리적 화면에서 최종 확인한다"는 원칙 앞에서는 무력해진다. 즉, AI 시대의 사이버 보안 전쟁에서 개인 투자자를 지키는 것은 더 똑똑한 백신 프로그램이 아니라, 디지털 기술에 의존하지 않는 아날로그적이고 원칙적인 보안 습관이다. 복잡한 위협에 맞서는 가장 강력한 방패는 가장 단순한 원칙을 기계처럼 지키는 것임을 명심해야 한다.

참고문헌

김문성·임형진(2024). "전자지갑 유형 및 보안 특성 분석". 《인터넷정보학회논문지》, 25(6), 81~86쪽.

홍기훈(2021). "코인 특성의 이해". 《자산운용연구》, 9(1), 66~81쪽.

Liu, Y. et al.(2019). Common Risk Factors in Cryptocurrency. http://www.nber.org/papers/w25882

05
‘김치 프리미엄’의 이해

한국 가상 자산 시장의 독특한 현상인 ‘김치 프리미엄’은 투자 전략의 중요한 단서다. AI는 국내외 거래소 가격, 환율 변동, 투자자 심리 데이터를 동시에 분석해 프리미엄의 이상 신호를 빠르게 포착한다. 과열 국면에서는 매도 전략을, 역프리미엄 상황에서는 분할 매수 전략을 자동화해 실행할 수 있다. AI는 기회와 위기를 구분하는 전략적 나침반으로 전환시켜 준다.

AI 콘텐츠 크리에이터?

김치 프리미엄의 구조와 발생 원인

'김치 프리미엄'은 동일한 가상 자산이 해외 거래소보다 한국의 원화 마켓 거래소에서 더 높은 가격에 거래되는 현상을 지칭하는 용어다. 이는 한국 가상 자산 시장의 가장 독특하고 중요한 특징 중 하나로, 여러 구조적 요인이 복합적으로 작용하여 발생한다.

첫째, 한국은 강력한 외환관리법으로 인해 내국인이 해외 거래소로 자금을 보내 차익 거래(Arbitrage)를 하는 데 제약이 따른다. 이로 인해 국내외 시장 간 가격 불균형이 발생해도 쉽게 해소되지 않는다. 둘째, 한국 시장은 기관 투자자보다 개인 투자자의 비중이 압도적으로 높아, 시장의 수요가 글로벌 거시 경제 지표보다는 국내 투자자들의 투자 심리에 의해 더 크게 좌우되는 경향이 있다. 마지막으로, 신규 투자자들의 진입이 용이하고 투자 열기가 뜨거워, 특정 시점에 수요가 공급을 초과하며 가격 프리미엄이 형성되기 쉬운 환경이다.

이러한 요인들이 결합되어 김치 프리미엄은 한국 시장의 고유한 현상으로 자리 잡았으며, 이는 단순한 가격 차이를 넘어 한국 시장의 특수성과 고립성을 상징적으로 보여 준다.

한국 법인의 코인 투자, '은행'이 막고 있다

현재 한국에서는 법률로 법인의 코인 투자를 명시적으로 금지하고 있지는 않다. 하지만 사실상 투자가 불가능한데, 이는 정부의 규제 기조에 따라 은행들이 법인 명의의 암호화폐 거래용 실명 확인 입출금 계좌(실명 계좌)를 개설해 주지 않기 때문이다.

정부가 이처럼 법인 투자를 간접적으로 막는 이유는 크게 세 가지로 요약할 수 있다. 첫째, 투기 과열 및 시장 안정성 저해 우려다. 개인 투자자 위주인 한국 시장에 막대한 자금력을 가진 법인이 진입할 경우, 투기 심리를 자극하고 가격 변동성을 극대화하여 시장 불안을 초래할 수 있다는 점을 우려한다. 둘째, 자금 세탁 방지(AML)다. 법인 계좌는 개인 계좌보다 자금 흐름이 복잡하고 추적이 어려워 불법 자금 세탁의 통로로 악용될 가능성이 크다고 보고 있다. 셋째, 투자자 보호 및 회계 불투명성이다. 코인은 가치 변동이 극심해 법인이 투자할 경우, 기업의 재무 건전성을 해치고 주주 등 투자자들에게 예기치 못한 손실을 입힐 수 있다. 또한 가상 자산에 대한 명확한 회계 처리 기준이 아직 정립되지 않은 점도 문제다.

이러한 규제는 한국 코인 시장에 여러 영향을 미치고 있다. 우선 기관 투자자 부재로 인한 시장 왜곡이다. 글로벌 시장과 달리 개인 투자자 중심으로 시장이 형성되면서 '김치 프리미엄'과 같은 가격 왜곡 현상이 나타나고 변동성이 큰 시장 구조가 고착화되었다. 다음으로 블록체인 산업 발전 저해다. 국내 유망 블록체인 기업들이 법인 명의의 암호화폐 거래가 어려워 사업 운영에 필요한 자금 조달이나 운용에 어려움을 겪고, 결국 해외로 법인을 이전하는 사례가 발생하고 있다. 셋째, 유동성 부족이다. 거액을 투자하는 법인의 참여가 제한되면서 전반적인 코인 시장의 유동성이 부족해지고, 이는 시장의 성장을 저해하는 요인으로 작용한다.

다만, 정부는 최근 '가상 자산 이용자 보호 등에 관한 법률' 시행을 기점으로 단계적인 규제 완화를 검토하고 있다. 비영리법인이나 가상 자산 거래소의 운영비 충당 목적의 매도를 허용하는 것을 시작으로, 향후 상장 법인 등 일부 법인에 한해 제한적으로 투자를 허용하는 방안을 추진할 계획이다.

한국 개인 투자자의 비트코인 매입 방법

많은 사람들이 비트코인 한 개의 가격이 너무 비싸서 일반인은 투자하기 어렵다고 오해한다. 결론부터 말하자면, 비트코인을 한 개 단위로 살 필요가 전혀 없기 때문이다. 주식처럼 비트코인도 소수점 단위로 아주 잘게 쪼개서 매매할 수 있다. 1억 원이 없어도 단돈 1000원, 5000원어치만 사는 것이 가능하다.

핵심 원리는 '사토시(Satoshi)' 단위로 쪼개지는 비트코인에 있다. 마치 1미터가 100센티미터이고, 1달러가 100센트인 것처럼 비트코인도 더 작은 단위로 나뉜다. 비트코인의 경우 1 비트코인은 1억 사토시다. 비트코인은 소수점 8자리까지 나눌 수 있으며, 이 가장 작은 단위를 비트코인 개발자의 이름(나카모토 사토시)을 따서 '사토시'라고 부른다.

따라서 투자자들은 국내 거래소에서 1 사토시 단위, 혹은 자신이 원하는 금액만큼의 비트코인을 구매할 수 있다. 피자 한 판을 통째로 살 필요 없이, 한 조각만 사 먹는 것과 같은 원리다.

한국의 개인 투자자는 다음과 같은 간단한 절차를 통해 소액으로 비트코인을 매입할 수 있다. 첫째, 국내 암호화폐 거래소에 가입한다. 업비트, 빗썸, 코인원 등 금융정보분석원(FIU)의 허가를 받은 국내 거래소에 가입한다.

둘째, 실명 확인 계좌와 연동한다. 거래소가 지정한 은행(업비트는 케이뱅크 등)의 입출금 계좌를 개설하고 연동하여 본인 인증을 완료한다. 이는 한국의 특정 금융 거래 정보의 보고 및 이용 등에 관한 법률에 따른 필수 절차다.

셋째, 원화(KRW)를 입금한다. 연동된 은행 계좌를 통해 거래소의 내 지갑으로 원화를 입금한다.

넷째, 소액 주문을 한다. 거래소 앱이나 웹사이트에서 비트코인을 선택한 후, 사고 싶은 금액(예: 1만 원)을 입력하여 매수 주문을 넣는다. 그러면 현재 시세에 맞춰 1만 원어치에 해당하는 0.000… 비트코인이 자동으로 계산되어 체결된다.

이처럼 비트코인의 높은 가격은 진입 장벽이 아니며, 투자자는 자신의 자금 사정에 맞춰 자유롭게 투자 규모를 결정할 수 있다.

프리미엄을 시장 심리 지표로 활용하기

김치 프리미엄은 그 자체로 위험 요인이 될 수 있지만, 현명한 투자자에게는 시장의 온도를 측정하는 유용한 지표가 될 수 있다. 김치 프리미엄의 수치는 국내 개인 투자자들의 투기적 열기, 즉 시장의 탐욕 수준을 직접적으로 반영하기 때문이다. 평상시 1~3% 수준을 유지하던 김치 프리미엄이 단기간에 10%, 20% 이상으로 급등

한다면, 이는 국내 시장이 비이성적인 과열 국면에 진입했다는 강력한 경고 신호로 해석할 수 있다. 과거 데이터는 김치 프리미엄이 극단적으로 치솟았던 시점이 대부분 시장의 단기 또는 장기 고점이었음을 보여 준다.

실제로 2017년 말, 비트코인이 글로벌 시장에서 약 2만 달러에 거래되던 시점에 한국 거래소에서는 2만 4000달러가 넘는 가격이 형성됐다. 사람들은 '이번에는 다르다'며 너도나도 빚을 내어 투자에 뛰어들었지만, 결국 2018년 초 대세 하락장이 시작되면서 그때 매수했던 상당수 투자자들은 깊은 손실을 떠안아야 했다. '탐욕은 파멸을 부른다'는 격언을 실증한 대표적인 장면이었다.

2021년 비트코인 가격이 8000만 원을 돌파했을 때, 20·30대 투자 비중이 급격히 늘어난 것도 우연이 아니었다. 그러나 급등했던 가격이 순식간에 급락하자 영끌 투자로 뛰어든 청년 중 적지 않은 이들이 빚더미에 올라앉았다. 미디어에선 일제히 '빚투 청년'이라는 프레임을 덧씌우며 비판했다.

이처럼 김치 프리미엄이 비정상적으로 커질 때마다, 그것은 단순한 가격 차이가 아니라 시장이 '열탕'에 들어섰다는 신호였다. 결국 역사는 "시장에서는 군중과 같은 방향으로 움직일 때 가장 큰 위험이 따른다"는 조지 소로

스의 말을 증명하였다. 냉정한 투자자는 이런 시점에서 발걸음을 멈추고, 때로는 일부 이익을 실현하며 위험을 줄인다.

과거 데이터는 명백하다. 김치 프리미엄이 극단적으로 치솟았던 시점은 대부분 시장의 단기 혹은 장기 고점과 겹쳤다. 다시 말해, 프리미엄은 단순한 가격 차이가 아니라 시장 참여자들의 집단 심리가 비이성적으로 치닫고 있다는 경고음이었다. 따라서 현명한 투자자는 이 지표를 단순히 '위험'으로만 보지 않고, 군중 심리를 역으로 활용하는 나침반으로 삼아야 한다. 뜨겁게 달아오른 시장에서 냉정함을 유지하는 자만이 장기적으로 살아남는다.

따라서 투자자는 김치 프리미엄을 실시간으로 추적하며, 프리미엄이 비정상적으로 높아질 때는 신규 매수를 자제하고, 보유 자산의 일부를 분할 매도하여 수익을 실현하거나 리스크를 관리하는 전략을 고려할 수 있다. 반대로, 김치 프리미엄이 0% 이하로 떨어지는 '역(逆)프리미엄' 상태가 발생하면, 이는 시장에 극심한 공포가 만연해 있음을 의미하며, 장기적인 관점에서 분할 매수를 시작할 기회로 삼을 수도 있다. AI 기반 분석 도구를 활용하면 환율 변동까지 고려한 실시간 프리미엄을 계산하고, 특정 임계값을 넘었을 때 자동으로 알림을 받도록 설정하여 이러한 전략을 더욱 체계적으로 실행할 수 있다.

'김치 코인'의 리스크

'김치 코인'은 명확한 정의는 없지만, 통상적으로 한국 개발팀이 주도했거나 총 유동성의 대부분(예: 90% 이상)이 업비트, 빗썸 등 특정 국내 거래소에 집중된 가상 자산을 일컫는다. 이러한 코인들은 국내 거래소에서 높은 거래량을 기록하며 매우 유동성이 풍부한 것처럼 보일 수 있다. 그러나 이는 '집중된 유동성'이 만들어 내는 착시에 불과하며, 그 이면에는 치명적인 '유동성 함정(Liquidity Trap)'이 존재한다.

여기서 말하는 유동성 함정은 겉보기에는 거래가 활발해 보이지만 실제로는 시장이 특정 거래소에만 묶여 있어서 쉽게 사고팔 수 없는 위험을 뜻한다. 즉, 투자자가 팔고 싶을 때 글로벌 시장에서는 수요가 부족해 원하는 가격에 매도하지 못하거나 큰 폭의 손실을 볼 수 있다는 함정이다. 비유컨대 "물은 많아 보이는데, 사실은 작은 웅덩이에 고여 있는 것과 같은 상황"이라고 이해하면 된다.

예를 들어, 어떤 김치 코인의 거래량 95%가 업비트에서 발생한다고 가정해 보자. 평상시에는 활발한 거래가 이루어지지만, 해당 프로젝트에 대한 부정적인 소문이 퍼지기 시작하면 상황은 급변한다. 해당 코인의 보유자 대부분을 차지하는 국내 투자자들이 동시에 업비트에서 매도 주문을 쏟아내기 시작한다. 하지만 이 매도 물량을 받아줄 글로벌 시장의 매수 기반은 거의 존재하지 않는다. 해외 거래소의 차익 거래자들도 유동성이 없는 시장에는 개입할 수 없다. 결국 업비트의 매수 호가창은 순식간에 비어버리고, 가격은 속수무책으로 폭락하게 된다.

이는 겉으로 보였던 높은 유동성이 사실은 다양한 시장 참여자들로 구성된 '깊은' 유동성이 아니라, 단일 집단의 동질적인 투자 심리에 의존하는 '얕은' 유동성이었음을 의미한다. 이러한 구조적 취약성으로 인해 김치 코인들은 종종 극단적인 '복권형(lottery-like)' 수익률 분포, 즉 소수의 대박 가능성과 다수의 쪽박 위험을 동시에 가지며, 국내 규제나 지정학적 뉴스에 특히 민감하게 반응하는 경향을 보인다. 따라서 김치 코인에 투자할 때는 높은 거래량이라는 표면적 지표에 현혹되지 말고, 유동성이 특정 거래소에 과도하게 집중되어 있는 본질적인 리스크를 반드시 인지해야 한다.

이른바 '김치 코인' 중에서 지금도 거래량과 활동이 남아 있는 대표적 사례는 클레이튼(Klaytn, KLAY)과 메디블록(MediBloc, MED) 정도다. 클레이튼은 카카오 계열 프로젝트로, 국내외 여러 거래소에서 활발히 거래되고 있으며 유동성이 유지되고 있다. 메디블록 또한 업비트를 포함해 여러 거래소에서 거래되고 있으며 토큰 생태계 활동도 지속되고 있다. '김치 코인' 담론을 할 때는 무작정 다수를 나열하기보다 생존해 움직이는 코인들을 중심으로 논의를 전개하는 것이 더 현실적이다.

참고문헌

심양섭(2025). 《인공지능과 가상 화폐》. 커뮤니케이션북스.

조기정 외(2023). "김치프리미엄과 환율 변동 예측을 활용한 가상화폐의 통계적 차익거래 연구". 《한국산학기술학회논문지》, 24(10), 354~363쪽.

한충현·이종섭(2025). "K-Coin (김치 코인) 분류 체계 및 시장 현황에 대한 분석". 《회계저널》, 34(4), 237~272쪽.

06
회복력 있는 포트폴리오 구축

포트폴리오를 지키는 힘은 분산과 균형에서 나온다. 그러나 단순한 자산 배분만으로는 변동성이 큰 가상 자산 시장에서 충분하지 않다. AI는 시장 지표를 실시간으로 분석해 자산의 건강 상태를 진단하고, 리스크 신호를 미리 감지해, 과열 자산은 줄이고 저평가 자산은 늘린다. AI는 투자자의 감정을 배제하고, 회복력 있는 포트폴리오를 구축하도록 돕는 전략적 엔진이다.

AI와 민주주의?

비트코인과 이더리움

투자의 세계에서 '모든 달걀을 한 바구니에 담지 말라'는 격언은 가상 자산 시장에서 더욱 절실하게 적용된다. 수천 개의 알트코인이 명멸하는 이 시장에서 살아남기 위한 포트폴리오 구축의 제1원칙은, 전체 자산의 상당 부분을 가장 검증되고 안정적인 자산인 비트코인과 이더리움으로 채우는 것이다. 이 두 자산은 가장 오랜 역사, 가장 강력한 네트워크 효과, 가장 높은 수준의 탈중앙성을 갖추고 있으며, 기관 투자자들의 진입이 가장 활발하게 이루어지는 '블루칩' 자산이다.

여기서 알트코인(Altcoin)은 비트코인을 제외한 모든 암호화폐를 뜻한다. 비트코인 이후에 만들어진 다양한 코인들을 통틀어 부르는 말이다. 블루칩(Blue Chip)은 전통 금융에서 안정성과 신뢰가 높은 대형 우량주를 가리키는 말이다. 한국 증권시장에서 대표적인 블루칩 세 가지를 꼽자면 삼성전자, SK하이닉스, 현대자동차다. 가상 자산 시장에서 블루칩은 비트코인 · 이더리움처럼 가장 검증되고 안전한 대표 코인을 의미한다. 쉽게 말해 믿을 만한 최고 등급 코인이다.

알트코인이 높은 수익률을 기대할 수 있는 '성장주'라면, 비트코인과 이더리움은 시장의 폭풍우 속에서 포트폴리오(Portfolio)의 가치를 지켜주는 '가치주'이자 '안전판' 역할을 한다. 포트폴리오란 투자자가 가진 여러 자산을 모아 놓은 전체 묶음을 말한다. 즉, 주식, 코인, 채권 등 다양한 자산을 담아 놓은 투자 바구니라고 생각하면 된다.

따라서 공격적인 성향의 투자자라 할지라도, 전체 가상 자산 포트폴리오의 최소 50~60%는 비트코인과 이더리움으로 구성하여 안정적인 기반을 다지는 것이 현명하다. 이는 예측 불가능한 알트코인 시장의 급락으로부터 포트폴리오 전체의 붕괴를 막아주는 가장 효과적인 리스크 관리 전략이다.

알트코인 3관왕

알트코인(Altcoin)의 '알트(Alt)'는 '대안'을 의미하는 얼터너티브(Alternative)에서 유래한 말이다. 비트코인 이후에 등장한 모든 암호화폐를 통칭하는 용어로, 비트코인의 대안으로 나온 코인이라는 의미를 가진다.

대표적인 알트코인은 다음 세 가지다. 첫째, 이더리움이다. 가장 대표적인 알트코인으로, 단순한 화폐 기능을 넘어 '스마트 계약(Smart Contract)' 기술을 통해 탈중앙화 애플리케이션(dApp)을 개발하고 실행할 수 있는 플랫폼을 제공한다. 여기서 말하는 스마트 계약은 블록체인 위에서 자동으로 실행되는 약속이나 규칙을 뜻한다. 조건이 충족되면 자동으로 작동하는 디지털 계약서라고 이해하면 된다.

둘째, 리플(Ripple, XRP)이다. 국제 송금 및 결제 시스템을 혁신하기 위해 만들어진 코인이다. 은행과 같은 금융 기관들이 더 빠르고 저렴하게 해외로 돈을 보낼 수 있도록 돕는 것을 목표로 한다.

셋째, 테더(Tether, USDT)다. 미국 달러(USD)와 1:1 가치로 연동되도록 설계된 스테이블 코인이다. 가격 변동성이 큰 다른 암호화폐와 달리 가치가 안정적으로 유지되어, 거래소에서 기축 통화처럼 사용되거나 자산 가치 보존 수단으로 활용된다.

AI로 포트폴리오 건강 진단하기

성공적인 포트폴리오 관리는 단순히 여러 종류의 코인을 사 모으는 것에서 그치지 않는다. 자신이 보유한 자산들이 건강한 상태를 유지하고 있는지 지속적으로 진단하는 과정이 필수적이다. 가격은 종종 시장의 감정이나 단기적인 수급에 의해 왜곡될 수 있지만, 블록체인 상에 기록되는 온체인 데이터는 해당 네트워크의 본질적인 활성도와 건강 상태를 보여 주는 객관적인 지표다.

글래스노드, 샌티멘트와 같은 온체인 데이터 분석 플랫폼은 활성 주소 수, 신규 주소 증가율, 거래 수수료, 고래(대규모 보유자)들의 지갑 움직임, 거래소 입출금 물량 등 수백 가지의 유용한 데이터를 제공한다. 과거에는 이러한 데이터를 해석하는 것이 전문가의 영역이었지만, 이제는 AI 기술 덕분에 개인 투자자도 손쉽게 포트폴리오를 진단할 수 있다. 예를 들어, 글래스노드가 제공하는 AI 워크플로(MCP 서버)를 활용하면, 챗GPT와 같은 인공지능 챗봇의 채팅창에 자연어로 질문하는 것만으로 복잡한 온체인 데이터를 분석할 수 있다.

여기서 활성 주소 수(Active Addresses)는 실제로 코인을 주고받는 데 사용된 지갑 주소의 개수다. 거래가 활발할수록 이 숫자가 커진다. 신규 주소 증가율(New Address Growth Rate)은 새로 만들어지는 지갑 주소가 얼마나 빠르게 늘어나고 있는지를 보여 주는 지표다. 네트워크로 새 투자자가 들어오고 있는지를 알려준다. AI 워크플로(MCP 서버)는 어려운 온체인 데이터를 직접 분석하지 않아도, 인공지능에게 "최근 이더리움 거래가 늘고 있나?"처럼 질문만 하면 자동으로 정리해 주는 AI 분석 도우미 시스템이다.

투자자는 AI에게 "최근 30일간 내가 보유한 솔라나(Solana, SOL)의 활성 주소 수 추세를 알려 줘"라고 질문하여 네트워크 사용자가 꾸준히 증가하고 있는지 확인할 수 있다. 또한 "체인링크(Chainlink, LINK) 고래 지갑들이 축적(accumulation) 단계에 있는가, 아니면 분배(distribution) 단계에 있는가?"라고 질문하여 대규모 투자자들의 움직임을 파악하고 잠재적인 매도 압력을 미리 감지할 수도 있다. 이처럼 AI와 온체인 데이터를 활용한 포트폴리오 진단은, 가격이라는 겉모습 뒤에 숨겨진 자산의 본질적인 건강 상태를 파악하여 더 현명한 투자 결정을 내리도록 돕는다.

여기서 솔라나는 빠른 거래 속도를 강점으로 하는 블록체인 플랫폼이자 그 네트워크의 대표 암호화폐다. 흔히 '이더리움 대체재'로 불리기도 한다. 체인링크는 블록체인과 외부 데이터를 연결해 주는 서비스(오라클)를 제공하는 프로젝트로, 그 안에서 쓰이는 대표 토큰이 체인링크다. 축적(Accumulation)이란 투자자들이 코인을 계속 사들이며 모으는 단계를 말한다. 대형 투자자가 이 단계에 있다면 가격 상승 기대감이 커질 수 있다. 분배(Distribution)는 반대로 코인을 시장에 풀면서 팔아치우는 단계다. 고래들이 이 단계에 있으면 가격이 하락할 위험 신호로 보기도 한다.

AI를 활용한 자동 리밸런싱

포트폴리오 리밸런싱(Rebalancing)은 시간이 지나면서 비중이 변한 자산들을 원래의 목표 비중으로 재조정하는 과정이다. 예를 들어, 처음 50%의 비트코인과 50%의 이더리움으로 포트폴리오를 구성했는데, 비트코인 가격이 급등하여 비중이 60%로 늘어났다면, 늘어난 비트코인 일부를 매도하고 그 자금으로 이더리움을 매수하여 다시 50:50 비중을 맞추는 것이다. 이는 자연스럽게 가격이 오른 자산의 이익을 실현하고, 상대적으로 가격이 덜 오른 자산을 저가에 매수하는 효과를 가져와 장기적인 수익률 안정화에 기여한다.

전통적인 리밸런싱은 분기별 또는 연도별로 정해진 시점에 수동으로 이루어지는 경우가 많았다. 하지만 AI 기반의 포트폴리오 관리 도구는 이러한 과정을 자동화하고 한 단계 더 발전시킨다. AI 기반 리밸런싱은 단순히 정해진 시점이 아니라, 특정 '조건'이 충족되었을 때 실행될 수 있다. 예를 들어, 특정 자산의 비중이 목표치에서 ±5% 이상 벗어났을 때 자동으로 리밸런싱을 실행하도록 설정할 수 있다. 더 나아가, 앞서 설명한 온체인 데이터를 리밸런싱 조건에 포함시킬 수도 있다.

가령, 비트코인의 가격은 상승했지만 네트워크 활성도가 감소하는 약세 다이버전스(divergence)가 감지될 경우, AI가 이를 포착하여 자동으로 비트코인의 비중을 줄이고 상대적으로 네트워크 건강 상태가 양호한 이더리움의 비중을 늘리도록 프로그래밍할 수 있다. 이는 정적인 시간 기준의 리밸런싱을 넘어, 시장의 질적인 변화에 능동적으로 대응하는 '동적(Dynamic) 리밸런싱'을 가능하게 하며, 포트폴리오의 회복 탄력성과 수익성을 동시에 높이는 진일보한 자산 관리 전략이다.

여기서 다이버전스란 가격과 지표가 서로 다른 방향으로 움직이는 현상을 말한다. 예를 들어, 비트코인 가격은 오르는데 네트워크 이용자는 줄어든다면, 겉으로는 강세처럼 보여도 실제로는 힘이 빠지고 있다는 신호일 수 있다.

코인 투자자의 위험 선호도

'투자자의 위험 선호도'란 투자자가 높은 수익을 기대하며 감수할 수 있는 손실의 정도를 의미한다. 즉, 원금 손실의 위험을 얼마나 기꺼이 감수할 것인가에 대한 개인적인 성향을 말한다.

이는 보통 다음과 같은 유형으로 나뉜다. 첫째, 공격 투자형이다. 높은 수익을 위해서라면 큰 원금 손실 위험도 감수하는 성향이다. 포트폴리오 대부분을 변동성이 큰 알트코인이나 신생 프로젝트에 투자할 수 있다. 둘째, 적극 투자형이다. 안정성보다는 수익성을 더 중요하게 생각하며, 어느 정도의 위험을 감수한다. 비트코인이나 이더리움보다 알트코인의 비중을 높게 가져가는 경향이 있다.

셋째, 위험 중립형이다. 수익과 안정의 균형을 추구한다. 비트코인이나 이더리움과 같은 비교적 안정적인 자산과 일부 알트코인을 비슷한 비중으로 배분한다. 넷째, 안정 추구형이다. 수익률이 다소 낮더라도 원금 손실의 가능성을 최소화하려는 성향이다. 포트폴리오의 대부분을 비트코인, 이더리움 위주로 구성한다.

다섯째, 안정형이다. 원금 보장을 최우선으로 생각하며, 예금과 비슷한 수준의 안정성을 원한다. 암호화폐 투자 자체를 꺼릴 가능성이 높다. 투자자의 나이, 투자 목적, 투자 기간, 재정 상황 등에 따라 위험 선호도는 달라지며, AI는 이러한 성향을 분석하여 각자에게 맞는 최적의 포트폴리오를 제안할 수 있다.

요컨대 AI는 코인 투자자의 위험 선호도와 목표 수익

률을 분석해 맞춤형 포트폴리오를 자동 구성한다. 실시간으로 시장 데이터, 뉴스, 소셜 미디어 트렌드를 학습해 리스크를 예측하고, 비중 조절(리밸런싱)을 자동으로 실행하여 최적의 자산 배분을 유지해 준다.

참고문헌

박종한(2024). 《슈퍼코인 투자지도》. 거인의정원.

Drobetz, W. et al.(2019). Investor Sentiment and Initial Coin Offerings. *The Journal of Alternative Investments, 21*(4), pp.41~55.

Schultze-Kraft, R.(2025.8.19). A Practical Guide to Glassnode's MCP Server. Glassnode Insights. https://insights.glassnode.com/glassnode-mcp-server-guide/

07
투자의 심리학

가상 자산 시장에서 가장 큰 위험은 시장 자체가 아니라 투자자의 감정이다. 포모와 패닉셀은 수많은 개인을 무너뜨렸다. 그러나 이제 AI는 감정의 덫을 차단하는 이성적 도구가 되고 있다. 공포와 탐욕의 순간에도 AI는 오직 데이터와 규칙에 따라 움직이며, 투자자가 스스로 지키기 어려운 원칙을 대신 실행한다. 인간의 충동을 제어하는 AI의 힘은 예측이 아니라 규율이다.

AI와 애니메이션?

가장 큰 적은 '나 자신'이다

가상 자산 투자에서 수익을 가로막는 가장 큰 장애물은 복잡한 시장 분석이나 예측의 어려움이 아니라, 투자자 자신의 통제되지 않는 감정이다. 그중 가장 대표적인 것이 포모와 패닉셀이다. 포모는 다른 사람들이 큰 수익을 얻고 있다는 소식을 들었을 때, 나만 뒤처지는 것 같은 두려움에 휩싸여 이성적인 판단 없이 시장에 뛰어드는 심리 상태를 말한다. 이는 종종 시장이 과열된 최고점에서 '묻지마 매수'를 감행하게 만들어 막대한 손실로 이어진다.

반대로 패닉셀은 시장이 급락하고 부정적인 뉴스가 쏟아질 때, 자산 가치가 0이 될지도 모른다는 극심한 공포에 사로잡혀 보유 자산을 손해를 감수하고 모두 던져버리는 행위다. 이는 시장의 바닥에서 자산을 헐값에 넘기는 최악의 결과를 초래한다.

이 두 가지 비이성적인 행동의 공통점은 객관적인 데이터나 분석이 아닌, '탐욕'과 '공포'라는 원초적인 감정에 지배당한다는 점이다. 결국 장기적으로 시장에서 살아남고 성공하는 투자자는 이러한 감정의 덫에서 벗어나 자신만의 원칙을 지키는 사람이다.

공포 및 탐욕 지수

코인 시장에서 살아남아 수익을 내려면 시장의 감정을 데이터로 읽을 줄 알아야 한다. 투자자 자신의 감정을 통제하기 위한 첫걸음은, 현재 시장을 지배하고 있는 집단적인 감정이 무엇인지 객관적으로 파악하는 것이다. 이때 유용하게 활용할 수 있는 도구가 바로 '암호화폐 공포 및 탐욕 지수(Crypto Fear & Greed Index)'다. 이 지수는 변동성(25%), 시장 거래량(25%), 소셜 미디어 언급량(15%), 비트코인 도미넌스(10%), 구글 트렌드 검색량(10%) 등 시장의 감정을 반영하는 다양한 데이터를 종합하여 0부터 100까지의 수치로 나타낸다. 지수가 0에 가까울수록 시장에 '극도의 공포(Extreme Fear)'가, 100에 가까울수록 '극도의 탐욕(Extreme Greed)'이 지배하고 있음을 의미한다.

여기서 변동성(Volatility)은 코인의 가격이 얼마나 크게, 자주 오르내리는지를 보여 주는 지표다. 가격이 크게 출렁일수록 시장의 불안감이 커진다고 볼 수 있다. 시장 거래량(Market Volume)은 일정 기간에 실제로 사고 팔린 코인의 양을 뜻한다. 거래가 많을수록 투자자들의 관심과 참여가 크다는 의미다. 소셜 미디어 언급량(Social Media Mentions)은 트위터(Twitter), 레딧(Reddit)

같은 온라인 공간에서 특정 코인이나 시장에 대해 사람들이 얼마나 자주 이야기하는지를 집계한 수치다. 화제가 많을수록 투자 심리가 달아오르고 있다고 볼 수 있다. 레딧은 미국에서 시작된 세계 최대 온라인 커뮤니티 게시판으로, 수많은 사람들이 관심 있는 주제별 모임(서브레딧, Subreddit)에서 글과 댓글을 올리며 토론하는 공간이다. 쉽게 말해 글로벌 온라인 토론방 같은 곳이다.

비트코인 도미넌스(Bitcoin Dominance)는 전체 암호화폐 시장에서 비트코인이 차지하는 비중을 말한다. 도미넌스가 높으면 투자자들이 위험한 알트코인보다 안전한 비트코인에 머무르고 있다는 신호일 수 있다. 구글 트렌드 검색량(Google Trends Search Volume)은 사람들이 구글에서 특정 코인이나 '비트코인' 같은 키워드를 얼마나 검색했는지를 보여 주는 데이터다. 검색이 급증하면 시장에 대한 관심이나 불안이 커졌다는 의미일 수 있다.

현명한 투자자는 이 지수를 역발상 지표(Contrarian Indicator)로 활용한다. 역발상 지수는 시장 참가자들의 감정과 정반대로 행동해야 할 시점을 알려주는 신호다. 대부분이 두려움에 매도를 쏟아낼 때는 오히려 좋은 매수 기회가 될 수 있고, 모두가 탐욕에 빠져 적극적으로 매수할 때는 시장이 과열되어 곧 하락할 위험이 크다는 뜻이다. 즉, 대중의 감정과 반대로 움직이면 더 현명한 결정을 내릴 수 있다는 원리를 데이터로 보여 주는 도구라고 할 수 있다.

전설적인 투자자 워런 버핏의 "남들이 탐욕을 부릴 때 공포를 느끼고, 남들이 공포에 떨 때 탐욕을 부려라"는 격언처럼, 이 지수는 시장의 집단 심리와 반대로 행동해야 할 시점을 알려 준다. 역사적으로 공포 및 탐욕 지수가 '극도의 공포' 구간(0~24)에 머물렀을 때는 장기적인 관점에서 최고의 매수 기회였던 경우가 많았고, 반대로 '극도의 탐욕' 구간(75~100)은 시장의 과열을 경고하며 분할 매도를 통해 리스크를 관리해야 할 시점임을 시사했다. 이 지수를 활용함으로써 투자자는 자신의 주관적인 느낌이 아닌, 데이터화된 시장의 감정을 바탕으로 더 냉철한 의사 결정을 내릴 수 있다.

AI로 감정적 의사 결정 극복하기

시장의 감정을 데이터로 파악했더라도, 막상 극심한 공포나 탐욕의 순간이 닥치면 이성적인 판단력을 유지하기란 쉽지 않다. 계좌의 잔고가 실시간으로 급감하는 것을 보면서도 '지금이 매수 기회'라고 판단하고 과감히 추가 매수에 나서는 것은 강한 정신력을 요구한다. 바로 이

지점에서 인공지능과 자동 매매 시스템이 결정적인 역할을 한다. AI 트레이딩 봇(AI Trading Bot)은 인간과 달리 감정이 없다. 오직 사전에 입력된 알고리즘과 데이터에 따라 기계적으로 작동할 뿐이다.

AI 트레이딩 봇은 자동으로 코인을 사고파는 프로그램이다. 인간처럼 두려움이나 탐욕에 흔들리지 않고, 미리 정해둔 규칙과 데이터에 따라서만 움직인다. 예를 들어, "비트코인 가격이 특정 수준 아래로 떨어지면 자동 매수" 같은 조건을 설정해 두면, 봇은 상황이 오면 그대로 실행한다. 결국 투자자가 감정 때문에 실수하지 않도록 대신 거래를 수행하는 감정 없는 조수라고 할 수 있다.

투자자는 자신의 이성적인 판단이 가장 잘 작동하는 평온한 시장 상황에서, AI 봇에 자신만의 투자 원칙을 프로그래밍해 둘 수 있다. 예를 들어, "만약 공포 및 탐욕 지수가 20 이하로 떨어지면, 전체 예산의 10%를 비트코인으로 매수하라"는 규칙을 설정하는 것이다. 이후 시장이 실제로 폭락하고 투자자 본인은 공포에 휩싸여 아무것도 하지 못하는 상황이 오더라도, AI 봇은 감정의 동요 없이 입력된 규칙에 따라 정확하게 저가 매수를 실행한다. 이처럼 AI에게 거래 실행을 위임하는 것은 투자자의 이성적인 계획과 감정적인 충동 사이에 일종의 '방화벽'

또는 '감정적 회로 차단기'를 설치하는 것과 같다.

이는 투자자가 가장 위험한 순간에 자기 자신의 감정 때문에 최악의 결정을 내리는 것을 시스템적으로 방지해 준다. 결국 AI가 개인 투자자에게 제공하는 가장 큰 가치는 미래를 예측하는 신비한 능력이 아니라, 투자자 본인의 비합리성으로부터 자산을 보호해 주는 강력한 규율의 도구가 되어 준다는 점이다.

참고문헌

박종한(2024). 《슈퍼코인 투자지도》. 거인의정원.

Huang, Q.(2024). Bitcoin price prediction based on fear & greed index. *SHS Web of Conferences, 181*, pp.1~8.

Loganathan R. et al.(2025). AI-driven Predictive Models for Cryptocurrency Trading: Leveraging Deep Learning for Market Trends. *Journal of Advance and Future Research, 3*(2), pp.1~12.

08
출구 전략의 수립

가상 자산 투자에서 가장 어려운 질문은 '언제 팔 것인가'다. 이익을 실현하지 못한 채 탐욕에 머물거나, 손절을 망설이다가 손실을 키우는 경우가 많다. AI는 이러한 인간의 심리적 약점을 보완하는 확실한 도구다. AI를 통해 투자자는 출구 전략을 감에 의존하지 않고 데이터 기반으로 설계할 수 있다. 결국 AI는 수익을 지키고 손실을 제한하는 냉정한 파트너다.

AI와 인재 채용?

언제 팔 것인가?

대부분의 초보 투자자들은 '무엇을, 언제 살 것인가'에만 모든 에너지를 쏟는다. 그러나 투자의 성패는 결국 '언제, 어떻게 팔 것인가'에 의해 결정된다. 명확한 출구 전략(Exit Strategy) 없이 시작된 투자는 미실현 수익이라는 숫자에 취해 있다가 시장이 하락하면 결국 손실로 마감되기 십상이다. 성공적인 투자는 진입하기 전에 이미 출구 계획을 세워두는 것에서 시작된다.

이는 구체적으로 '어떤 가격에 도달하면 이익을 실현할 것인가(Take-Profit)'와 '예상이 틀렸을 경우 어느 수준에서 손실을 끊어낼 것인가(Stop-Loss)'라는 두 가지 핵심 질문에 대한 답을 미리 정해두는 것을 의미한다. 출구 전략은 탐욕을 통제하여 수익을 현실화하고, 공포를 관리하여 파국적인 손실을 막아 주는 가장 중요한 안전장치다. '수익은 길게, 손실은 짧게'라는 투자의 기본 원칙은 바로 이 출구 전략을 통해 실현된다.

AI를 활용한 이익 실현과 손절매

사전에 출구 전략을 세웠더라도, 막상 목표 가격에 도달하면 '더 오르지 않을까?'하는 탐욕에, 손절매 가격에 도달하면 '곧 반등하겠지'라는 미련에 계획을 실행하지 못하는 것이 인간의 본성이다. AI 자동 매매 봇은 이러한 인간의 심리적 약점을 극복하고, 정해진 출구 전략을 기계적으로 실행하는 가장 효과적인 도구다. 대부분의 거래소와 트레이딩 봇 플랫폼(Trading Bot Platform)은 이익 실현(Take-Profit)과 손절매(Stop-Loss) 주문을 미리 설정하는 기능을 제공한다.

먼저 거래소가 직접 제공하는 코인 거래 자동 주문 기능을 살펴보자. 예를 들어, 업비트나 바이낸스(Binance) 같은 거래소는 API 키를 발급해 준다. 바이낸스는 세계에서 가장 큰 가상 자산 거래소 중 하나로, 다양한 코인 거래를 지원하고 글로벌 투자자들이 가장 많이 이용하는 플랫폼이다. 비유하자면 코인 투자자들의 국제 시장 같은 곳이라고 할 수 있다. 이런 거래소들은 투자자들에게 API 키를 발급해 주고, 투자자는 이 키를 사용해 자신의 계좌를 프로그램과 연결하고, 자동으로 매수 · 매도 주문을 내도록 설정할 수 있다. 즉, 사람이 직접 클릭하지 않아도 프로그램이 거래소와 대화하며 거래를 실행할 수 있게 해 주는 도구다.

API는 우리말로 직역하면 "응용 프로그래밍 인터페이스"로서, 거래소와 프로그램을 연결해 주는 통로다. 예를 들어, 국내 거래소인 업비트나 빗썸에서 API 키를 발급받으면, 투자자가 직접 웹사이트에 접속하지 않아도 자동 매매 프로그램이 이 통로를 통해 주문을 넣을 수 있다.

트레이딩 봇 플랫폼은 자동으로 코인을 사고파는 로봇 프로그램을 제공하는 플랫폼을 뜻한다. 대표적인 예로 네덜란드 암스테르담에 본사를 둔 회사가 개발한 크립토호퍼(Cryptohopper)와, 에스토니아에서 설립된 스타트업이 만든 쓰리커머스(3Commas) 같은 글로벌 플랫폼을 들 수 있다. 크립토호퍼는 투자자가 설정한 전략에 따라 자동으로 코인을 매매할 수 있게 해 주는 서비스로, 온라인 로봇 투자 도우미라고 할 수 있다. 쓰리커머스 역시 여러 거래소(API 연결)와 연동해 손절 · 익절, 분할 매수 등 다양한 전략을 자동화할 수 있는 플랫폼이다.

사용자가 트레이딩 봇 플랫폼에서 전략을 세워두면, 봇이 거래소와 연결된 API를 통해 조건에 맞는 주문을 실행한다. 즉, 트레이딩 봇 플랫폼은 "내가 세운 투자 계획을 대신 실행해 주는 글로벌 자동 매매 비서" 역할을 한다.

요컨대 트레이딩 봇 플랫폼은 이처럼 API를 활용하여 코딩 지식이 없는 사용자도 쉽게 자신만의 자동 매매 규칙을 설정하게 해 주는 서비스다. 크립토호퍼 같은 플랫폼에 자신의 거래소 계정을 API로 연결한 뒤 "가격이 10% 오르면 매도"와 같은 규칙을 설정하면, 봇이 24시간 동안 투자자 대신 거래를 실행해 준다. 이러한 도구들은 이익 실현과 손절매 주문을 미리 설정하는 핵심 기능을 제공한다.

손절 · 익절의 예를 들어 보자. 투자자는 비트코인을 1억 원에 매수하면서, AI 봇에 '가격이 1억 2000만 원에 도달하면 자동으로 매도하고, 9500만 원까지 하락하면 자동으로 손절매하라'는 명령을 설정할 수 있다. 이렇게 설정해 두면, 투자자가 잠을 자거나 다른 일을 하는 동안에도 봇은 24시간 시장을 감시하며 조건이 충족되는 즉시 주문을 실행한다.

이는 수익을 확보하는 기회를 놓치거나, 순간의 망설임으로 인해 손실이 걷잡을 수 없이 커지는 상황을 원천적으로 차단한다. 특히, AI 자동 매매 시스템을 악용한 사기 사례도 존재하는 만큼, 신뢰할 수 있는 플랫폼을 선택하고, 원금 손실 가능성이 없다는 허위 광고에 현혹되지 않는 것이 중요하다.

AI로 최적의 출구 전략 찾기

그렇다면 이익 실현 목표는 몇 퍼센트로, 손절매 기준은 몇 퍼센트로 설정하는 것이 가장 효과적일까? 이 질문에 대한 답은 더 이상 감이나 추측에 의존할 필요가 없다. AI 기반의 '백테스팅(Backtesting)' 기능을 활용하면, 자신의 투자 전략을 과거 시장 데이터에 적용하여 어떤 결과가 나왔을지 시뮬레이션해 볼 수 있다. 백테스팅은 투자자가 실제 돈을 쓰기 전에 미리 리허설을 해 보는 도구라고 할 수 있다.

예를 들어, 투자자는 '이더리움의 상대 강도 지수가 30 아래로 떨어지면 매수하고, 70을 넘으면 매도한다'는 자신만의 전략을 세웠다고 가정해 보자. 백테스팅 플랫폼에 이 규칙을 입력하면, AI는 지난 수년간의 이더리움 가격 데이터에 이 전략을 적용하여 총수익률, 연평균 수익률, 최대 손실 폭 등 상세한 성과 보고서를 즉시 생성해 준다. 최대 손실 폭은 투자 자산이 가장 높이 올랐던 시점에서 이후 가장 크게 떨어진 폭을 계산한 값이다. 쉽게 표현하면 "내 계좌가 최고점에서 얼마나 내려앉을 수 있는지"를 알려주는 지표다.

백테스팅의 예를 한 가지 더 들어 보자. 예를 들어 "비트코인이 10% 떨어지면 매수하고, 20% 오르면 매도한다"는 규칙을 과거 5년치 데이터에 적용해 보는 것이다. 그 결과 수익률, 손실 폭, 거래 횟수 등을 확인할 수 있어 전략의 장단점을 객관적으로 파악할 수 있다. 이렇게 하면 감이 아닌 데이터로 전략을 검증하고, 필요하다면 수정 · 보완할 수 있다. 백테스팅은 쉽게 말해 "투자 전략의 리허설"이라고 할 수 있다.

투자자는 여기서 한발 더 나아가, '매도 기준을 상대강도 지수 70이 아니라 80으로 바꾼다면?', '손절매 규칙을 -10%로 추가한다면?'과 같이 다양한 변수를 적용하며 전략을 수정하고, 어떤 규칙의 조합이 가장 높은 수익률과 가장 낮은 위험도를 기록했는지 정량적으로 비교 분석할 수 있다.

이 과정은 투자 전략 수립을 '감'의 영역에서 '데이터 기반 과학'의 영역으로 끌어올린다. 실제 자금을 투입하기 전에 수많은 시뮬레이션을 통해 자신의 전략을 검증하고 최적화함으로써, 투자자는 훨씬 더 높은 확신을 가지고 시장에 임할 수 있으며, 장기적인 성공 확률을 획기적으로 높일 수 있다.

참고문헌

심양섭(2025). 《인공지능과 가상 화폐》. 커뮤니케이션북스.

조동근(2025). 《조코딩의 AI 비트코인 자동 매매 시스템 만들기》. 한빛미디어.

Johnson, J.(2023). How Useful is the Crypto Fear and Greed Index

When Making Cryptocurrency Investment Decisions. https://papers.ssrn.com/sol3/papers.cfm?abstract_id=4407405

09
국내 시장 리스크 관리

AI는 한국 가상 자산 시장의 보이지 않는 위험을 감지하는 가장 강력한 파트너다. 해킹, 상장 비리, 시세 조작처럼 되풀이되는 리스크는 전통적인 분석만으로는 포착하기 어렵지만, AI는 온체인 데이터와 국내 특수성을 반영한 신호를 종합해 사전 경고를 제공한다. AI를 기반으로 하는 리스크 관리야말로 한국 투자자가 생존과 성과를 동시에 지켜내는 필수 전략이다.

AI와 기자?

'되풀이되는 악몽' 거래소 해킹

한국의 가상 자산 시장은 세계적인 규모를 자랑하지만, 그 이면에는 투자자들의 자산을 위협하는 고질적인 보안 리스크가 존재한다. 특히 중앙화된 거래소를 대상으로 한 해킹 사건은 반복되는 악몽과도 같다. 과거 국내 최대 거래소 중 하나였던 빗썸은 2018년 해킹으로 인해 약 350억 원 규모의 가상 자산을 탈취당하는 사건을 겪었으며, 이로 인해 투자자들의 신뢰에 큰 타격을 입었다.

또한 국내 1위 거래소인 업비트 역시 2019년 약 580억 원에 달하는 이더리움을 해킹으로 유출당했는데, 훗날 이 사건의 배후에 북한의 해킹 조직이 있었다는 사실이 경찰 수사를 통해 밝혀지면서 국가적 안보 위협의 차원으로까지 문제가 확대되었다. 이런 대규모 해킹 사건들은 중앙화 거래소에 자산을 맡기는 것이 투자자에게 얼마나 큰 위험을 안겨줄 수 있는지를 뚜렷하게 드러낸다.

이는 '개인 지갑을 통한 자산의 자기 주권적 관리(Self-custody)'의 중요성을 한국 투자자들에게 더욱 절실하게 상기시키는 사례들이다. 아무리 견고해 보이는 거래소라도 해킹의 위협에서 100% 자유로울 수는 없으며, 자신의 자산을 지키는 최종 책임은 결국 투자자 자신에게 있음을 명심해야 한다.

불투명한 시장의 그늘

해킹과 같은 외부의 위협만큼이나 위험한 것이 바로 시장 내부의 부패와 불투명성이다. 2023년 검찰 수사를 통해 드러난 코인원(Coinone) 거래소의 상장 비리 사건은 한국 가상 자산 시장의 어두운 단면을 적나라하게 보여주었다. 이 사건에서 거래소의 상장 담당 임직원들은 상장 브로커와 결탁하여, 수십억 원의 뒷돈을 받고 기술력이나 사업성이 검증되지 않은 부실한 코인들을 상장시켜준 것으로 드러났다.

코인원(Coinone)은 2014년 한국의 개발자 출신 기업가 차명훈이 설립한 국내 주요 가상 자산 거래소 가운데 하나로, 업비트 · 빗썸과 함께 한때 '빅3 거래소'로 불리며 빠르게 성장한 플랫폼이다. 코인원은 현재도 업비트, 빗썸, 코빗과 함께 한국의 대표적인 가상 자산 거래소 중 하나로 분류된다.

다만 현실적으로는 상장 비리 사건 이후 코인원의 거래량과 영향력은 예전보다 줄어든 상태다. 현재는 시장 점유율이 업비트에 압도적으로 쏠려 있고, 빗썸이 그 뒤를 잇는 구조다. 하지만 여전히 코인원은 금융 당국에 정식으로 신고를 마친 4대 원화 마켓 거래소 중 하나로 운영되고 있으며, 법적 · 제도권 내에서 영업을 이어가고 있다.

코인원의 상장 비리 사건은 필연적으로 '펌프 앤 덤프(Pump and Dump)'와 같은 시세 조작 행위로 이어졌다. 펌프 앤 덤프는 가격을 일부러 끌어올린 뒤, 높아진 가격에 일반 투자자들이 몰려들면 그때 보유 물량을 한꺼번에 팔아치우는 사기성 시세 조작 방식이다. 고의로 가격을 띄워 놓고 개인 투자자에게 '비싸게 물건을 떠넘기는 속임수'라고 할 수 있다. 실제로 코인원 상장 비리 사건에서 발행 재단, 상장 브로커, 그리고 부패한 거래소 직원은 한통속이 되어, 상장 직후 인위적으로 가격을 폭등시킨 뒤 고점에서 개인 투자자들에게 물량을 떠넘기고 막대한 차익을 챙겼다.

특히 이러한 범죄의 주요 대상이 되었던 '김치 코인'들은 유동성이 특정 국내 거래소에 집중되어 있어 시세 조작에 더욱 취약했다. 투자자들은 특정 코인이 대형 거래소에 상장된다는 사실만으로 호재로 인식하고 선불리 투자에 나서는 경향이 있지만, 이 사건은 상장 자체가 부패한 거래의 결과일 수 있음을 보여 준다. 따라서 투자자는 신규 상장 코인에 접근할 때, 해당 코인의 유동성이 특정 거래소에만 집중되어 있지는 않은지, 백서의 내용이 실현 가능한지 등을 비판적으로 검토하는 자세가 반드시 필요하다.

AI를 활용한 국지적 위험 신호 탐지

한국 시장에 내재된 이러한 국지적 위험(Local Risk)들은 글로벌 시장 분석 도구만으로는 포착하기 어렵다. 전 세계적으로 통용되는 기술적 지표나 거시 경제 데이터만으로는 '김치 코인'의 유동성 함정이나 국내 거래소의 내부자 리스크를 평가할 수 없다. 따라서 한국의 투자자들을 위한 AI 리스크 관리 시스템은 글로벌 데이터 분석을 넘어, 한국 시장의 특수성을 반영한 '국지적 위험 점수(Local Risk Score)' 모델을 반드시 포함해야 한다.

예를 들어, 어떤 AI 분석 모델이 특정 신규 토큰에 대해 소셜 미디어 언급량 급증을 근거로 '강세(Bullish)' 신호를 보냈다고 가정해 보자. 이때 한국 시장에 특화된 AI 리스크 모델은 다음과 같은 추가적인 검증 단계를 거친다. 첫째, 온체인 데이터를 분석하여 해당 토큰의 유동성 분포를 확인한다. 만약 "유동성의 90% 이상이 단일 한국 거래소에 집중되어 있는가?"라는 질문에 '그렇다'고 판단되면, 이는 잠재적인 유동성 함정과 시세 조작 위험을 의미하므로 위험 점수를 높인다.

둘째, 과거 데이터를 학습하여 "해당 거래소가 최근 5

년 내에 중대한 해킹 사고나 상장 비리 스캔들이 있었는가?"를 확인한다. 만약 그렇다면, 거래 상대방 리스크가 높다고 판단하여 위험 점수를 추가로 상향 조정한다. 마지막으로, 상장 패턴을 분석하여 "사전 공지 없이 갑작스럽게 기습 상장되었는가?"를 검토한다. 이는 상장피(Listing Fee)를 지불한 불투명한 상장일 가능성을 시사하므로 위험 요인이 된다. 상장피는 코인을 거래소에 상장시키기 위해 프로젝트 측이 거래소에 지불하는 비용으로, 쉽게 말해 "코인을 거래소 무대에 올리기 위한 입장료"라고 할 수 있다.

이 모든 국지적 위험 요소를 종합한 결과, AI는 최종적으로 다음과 같은 정교하고 실용적인 경고를 투자자에게 제공할 수 있다.

> 글로벌 시장의 센티멘트는 강세이나, 과도한 유동성 집중 및 거래소 리스크로 인해 '국지적 위험 점수'가 10점 만점에 8점으로 매우 높음. 시세 조작 및 유동성 함정 위험이 존재하므로 투자를 피하는 것을 권고함.

이는 일반적인 글로벌 분석 모델이 제공할 수 없는, 오직 한국 투자자만을 위한 맞춤형 리스크 관리 솔루션이다.

코인 시장의 가장 핵심적인 딜레마

가상 화폐의 본질은 '탈중앙화'인데, 정작 대부분의 투자자들이 이용하는 거래소는 '중앙화'되어 있다. 이것이야말로 코인 시장이 직면하고 있는 가장 핵심적인 딜레마다. 거래소가 중앙화되어 있는 이유는 바로 압도적인 편의성과 효율성 때문이다.

비유하자면, 모든 사람이 각자 금고를 사서 자기 재산을 직접 지키는 것(탈중앙화)이 원칙적으로 가장 안전하겠지만, 현실에서는 대부분 은행에 돈을 맡긴다(중앙화). 비밀 번호를 잊어도 은행이 찾아주고, 송금도 간편하며, 사용법이 익숙하기 때문이다. 가상 자산 거래소도 이와 같다.

거래소가 중앙화된 시스템을 선택한 이유는 첫째, 편의성과 접근성이다. 탈중앙화된 개인 지갑은 모든 통제권(개인 키)을 사용자 스스로 갖지만, 개인 키를 분실하면 누구도 자산을 찾아줄 수 없다. 반면 중앙화 거래소(CEX)는 아이디/비밀번호 기반이라서 관리가 쉽고, 문제가 생기면 고객 센터에 문의할 수 있다. 또한 원화(KRW)를 입금해 코인을 사는 '법정 화폐-가상 자산' 간의 다리 역할을 하므로 초보 투자자들이 쉽게 진입할 수 있다.

둘째, 거래 속도와 유동성이다. 블록체인에 모든 거래를 직접 기록하는 것은 시간이 걸린다(수수료도 발생). 하지만 중앙화 거래소는 일단 사용자의 자산을 거대한 내부 데이터베이스(서버)로 옮겨 놓는다. 이후 대부분의 거래는 블록체인이 아닌 거래소 내부 전산망에서 초고속으로 처리된다. 수많은 사용자가 모여 거래량이 풍부(유동성)하기 때문에 사용자는 언제든 원하는 가격에 신속하게 대량의 코인을 사고팔 수 있다.

셋째, 다양한 금융 서비스 제공이다. 단순 매매를 넘어 선물, 마진 거래, 예치(스테이킹) 서비스 등 복잡한 금융 상품을 제공하기에는 중앙화된 시스템이 훨씬 효율적이고 구현하기 쉽다.

거래소 중앙화의 치명적 약점은 해킹 리스크다. 문제는 이 모든 편의성을 위해 자산의 통제권을 거래소에 넘겨주는 구조라는 점이다. 거래소는 사용자들의 자산을 모아 소수의 '핫 월렛'과 '콜드 월렛'에 보관하는데, 이것이 바로 해커에게는 매력적인 단일 공격 목표(Single Point of Failure)가 된다.

결국, 거래소가 해킹당하면 그 안에 보관된 수많은 사용자의 자산이 한꺼번에 유출되는 대형 사고로 이어지는 것이다. 빗썸, 업비트 해킹 사건은 이러한 중앙화 시스템의 구조적 취약점이 현실화된 대표적인 사례다. 이는 '당신의 키가 아니면, 당신의 코인도 아니다(Not your keys, not your coins)'라는 가상 자산 시장의 오랜 격언이 왜 중요한지를 보여 준다.

참고문헌

서울남부지방검찰청(2023). "코인거래소 상장 비리 및 코인시장조작 중간수사결과". https://www.spo.go.kr/site/southseoul/ex/board/View.do?cbIdx=1403&bcIdx=1036597.

Tidy, J.(2025.3.10.). North Korean hackers cash out hundreds of millions from $1.5bn ByBit hack. BBC. https://bbc.com/news/articles/c2kgndwwd7lo.

Zellers, K.(2024). Hacked! North Korea's Billion-Dollar Crypto Heisting Scheme. *Penn State Journal of Law & International Affairs, 12*(2), pp.1~44.

10
규제와 세금

AI는 시장 분석과 자동 매매에만 쓰이는 것이 아니라, 규제 준수와 세금 관리에도 꼭 필요한 도구가 될 수 있다. 2024년 「가상자산이용자보호법」이 제정되었고, 2027년부터는 본격적인 과세가 시작된다. AI는 복잡한 거래 기록 관리, 세금 계산, 신고 준비를 자동화한다. 규제와 세금은 투자의 족쇄가 아니라, AI와 함께라면 오히려 성공의 퍼즐을 완성하는 마지막 조각이 된다.

AI와 미래 의사?

무엇이 바뀌는가?

2024년 7월 19일은 한국 가상 자산 시장 역사에 중요한 이정표로 기록될 날이다. 바로 '가상 자산 이용자 보호 등에 관한 법률'(이하 가상자산이용자보호법)이 본격적으로 시행되었기 때문이다. 그동안 규제의 회색 지대에 놓여 있던 시장에 처음으로 포괄적인 규제 체계가 도입된 것이다. 이 법의 핵심 목표는 이름 그대로 '이용자 보호'에 있으며, 크게 세 가지 축으로 구성된다.

첫째, 이용자 자산 보호 강화다. 법은 가상 자산 사업자에게 이용자의 예치금을 고유 재산과 명확히 분리하여 은행 등 공신력 있는 기관에 예치 또는 신탁하도록 의무화했다. 또한 해킹 위협에 대비해 이용자의 가상 자산 중 일정 비율 이상(시행령에서 80%로 규정)을 인터넷과 분리된 '콜드 월렛(Cold Wallet)'에 보관하도록 강제했다. 더불어, 해킹이나 전산 장애 등 사고 발생 시 책임을 지기 위한 보험 또는 공제 가입, 혹은 준비금 적립을 의무화하여 투자자 자산을 보호하기 위한 다층적인 안전장치를 마련했다.

둘째, 불공정 거래 행위 규제다. 자본시장법 수준의 강력한 규제가 도입되어, 미공개 중요 정보 이용 행위, 시세 조종 행위, 부정 거래 행위 등이 엄격히 금지된다.

내부 정보를 이용해 부당 이득을 취하거나, 자전 거래 · 통정 매매 등을 통해 인위적으로 시세를 조작하는 행위는 이제 명백한 범죄 행위로 규정된다.

이를 위반할 경우, 위반자는 손해 배상 책임을 지는 것은 물론, 강력한 형사 처벌과 과징금 부과 대상이 된다. 자전 거래는 같은 사람이 자기 계좌끼리 사고파는 '가짜 거래'로, 실제 거래가 활발한 것처럼 꾸며 시세를 속이는 방식이다. 통정 매매는 여러 투자자가 짜고 서로 주고받는 '짜고 치는 거래'로, 시장에 거래가 몰린 것처럼 보이게 만들어 가격을 인위적으로 움직이는 행위다.

셋째, 금융 당국의 감독 · 검사 권한이다. 금융위원회와 금융감독원은 가상 자산 사업자에 대한 감독 및 검사 권한을 갖게 되며, 법 위반 시 시정 명령, 영업 정지 등 강력한 제재를 가할 수 있다. 또한 불공정 거래 행위에 대한 조사 권한을 통해 시장 감시 기능을 수행한다. 이 법의 시행으로 한국 가상 자산 시장은 과거의 '무법 지대'에서 벗어나, 투자자들이 최소한의 법적 보호를 받으며 거래할 수 있는 제도권 시장으로 첫발을 내딛게 되었다.

2027년, 무엇을 준비해야 하는가?

'소득 있는 곳에 세금 있다'는 조세의 기본 원칙은 가상 자산 시장에도 적용될 예정이다. 당초 2022년 시행 예정이었던 가상 자산 소득 과세는 과세 인프라 부족 및 투자자 보호 제도 미비 등을 이유로 두 차례 연기되어, 현재는 2027년 1월 1일부터 시행되는 것으로 예정되어 있다. 현행 소득세법 개정안에 따르면, 가상 자산의 양도 또는 대여를 통해 발생한 소득은 '기타 소득'으로 분류된다.

과세 방식은 1년간 발생한 총수익에서 취득 가액 등 필요 경비를 제외한 순수익 금액을 기준으로, 연간 250만 원의 기본 공제를 적용한 후, 초과분에 대해 지방 소득세를 포함하여 22%의 세율로 분리 과세하는 것이다. 예를 들어, 한 해 동안 가상 자산 투자로 1000만 원의 순수익을 올렸다면, 기본 공제 250만 원을 제외한 750만 원에 대해 22%의 세율이 적용되어 총 165만 원의 세금을 납부해야 한다.

과세 시행까지 시간이 남았지만, 투자자들은 지금부터 철저한 준비를 해야 한다. 가장 중요한 것은 모든 거래 내역을 꼼꼼하게 기록하고 증빙 자료를 확보하는 것이다. 만약 코인을 얼마에 샀는지 증명할 자료가 없으면, 세법상 '공짜로 산 것(0원)'으로 처리되어, 판 금액 전체가 이익으로 계산돼 세금을 내야 하는 불리한 상황이 된다. 즉, 실제로는 1억 원을 들여 산 코인이라도 증빙이 없으면 세법은 0원에 샀다고 보고, 예를 들어 1억 2000만 원에 팔았다면 1억 2000만 원 전부가 과세 대상이 되어 버리는 것이다.

따라서 모든 매수 · 매도 기록, 거래소 간 자산 이동 기록 등을 체계적으로 관리해야 한다. 향후 과세가 본격화되면, 이러한 복잡한 계산과 기록 관리를 자동화해 주는 AI 기반의 가상 자산 세금 신고 및 관리 서비스가 필수적인 도구가 될 것이다.

해외 거래소 사용자의 필수 지식

많은 국내 투자자들이 바이낸스와 같은 해외 거래소를 이용하거나, 개인 하드웨어 지갑에 자산을 보관하고 있다. 이 경우, 반드시 숙지해야 할 중요한 법적 의무가 바로 '해외 금융 계좌 신고' 제도다. 현행 '국제 조세 조정에 관한 법률'에 따라, 대한민국 거주자 또는 내국 법인은 보유한 모든 해외 금융 계좌(해외 가상 자산 계좌 포함)의 잔액 합계가 해당 연도의 매월 말일 중 어느 하루라도 5억 원을 초과하는 경우, 다음 해 6월 1일부터 30일까지 납세지 관할 세무서장에게 해당 계좌 정보를 신고해야 한다.

"매월 말일 중 어느 하나라도"라는 말은 그 해의 열두

달 중에서 한 달이라도 마지막 날 기준 잔액이 5억 원을 넘으면 신고 의무가 생긴다는 뜻이다. 예를 들어, 1월 말에는 3억 원이었지만 7월 말에만 6억 원이었다면, 연중 단 한 달이라도 기준을 초과했으므로 신고해야 한다는 의미다.

여기서 중요한 점은 '모든 해외 금융 계좌의 합산 금액'이라는 것이다. 즉, 해외 은행 예금, 해외 주식, 그리고 해외 거래소에 보관된 가상 자산과 개인 지갑에 보관된 가상 자산의 가치를 모두 합산하여 기준 금액(5억 원) 초과 여부를 판단해야 한다. 가상 자산의 가치는 매월 말일의 종료 시각을 기준으로 해당 거래소 등이 고시하는 가액으로 평가한다. 이 신고 의무를 위반할 경우, 미(과소)신고 금액의 최대 20%에 달하는 과태료가 부과될 수 있으며, 미신고 금액이 50억 원을 초과하는 경우에는 형사 처벌 대상이 되거나 명단이 공개될 수도 있다.

이처럼 복잡한 규제와 세금 문제는 더 이상 투자의 부수적인 요소가 아니라, 투자의 성패와 수익률에 직접적인 영향을 미치는 핵심 변수다. 특히 AI를 활용한 자동매매가 활발해지면서 수백, 수천 건의 거래가 발생하기도 한다. 이러한 현대 투자 환경에서, 이러한 규제 준수 의무를 수동으로 관리하는 것은 거의 불가능에 가깝다.

결국, 성공적인 AI 투자는 시장을 예측하고 거래를 실행하는 '프론트엔드(Front-end)'의 자동화뿐만 아니라 거래 기록 관리, 세금 계산, 계좌 신고 등 '백엔드(Back-end)'의 규제 준수까지 자동화하는 포괄적인 시스템을 구축할 때 비로소 완성될 수 있다.

여기서 프론트엔드는 투자자가 직접 눈으로 보고 체감하는 부분이다. 예를 들어, "비트코인이 1억 원이 되면 자동으로 팔아라"라는 매매 명령을 AI가 실행해 주는 거래 활동이 여기에 해당한다. 즉, 시장과 직접 맞닿아 거래를 실행하는 '앞단'의 기능이라고 할 수 있다.

백엔드(Back-end)는 겉으로 드러나지 않지만 꼭 필요한 뒷단의 관리 영역이다. 예를 들어, "내가 1년 동안 몇 번 거래했고, 세금을 얼마나 내야 하는지 자동으로 계산하고 정리해 주는 것"이 여기에 해당한다. 즉, 보이지 않는 곳에서 기록 · 계산 · 규제 준수를 처리하는 '뒷단'의 기능이다. 요컨대 프론트엔드는 매수 · 매도 같은 '거래 실행', 백엔드는 기록 관리와 세금 신고 같은 '사후 관리'라고 이해하면 된다.

법인 계정을 이용한 자금 세탁 메커니즘

법인의 코인 투자를 제한 없이 허용할 경우 자금 세탁에

악용될 수 있는 메커니즘은 '복잡한 거래 구조를 통한 출처 불분명화'와 '익명성을 활용한 자금 추적 회피'라는 두 가지 핵심 원리를 이용한다.

범죄 조직이 불법적으로 취득한 검은돈(예: 100억 원)을 합법적인 기업 자금으로 둔갑시키는 과정을 예시로 설명해 보자.

첫째, '합법'의 외피 만들기(위장 법인 설립)다. 먼저, 자금 세탁을 위해 정상적인 사업을 하는 것처럼 보이는 유령 법인(페이퍼 컴퍼니) A를 설립한다. 이 법인은 소프트웨어 개발, 컨설팅 등 실체가 불분명한 업종으로 사업자 등록을 한다.

둘째, 초기 자금 투입 및 분산(쪼개기)이다. 범죄 조직은 불법 자금 100억 원을 A법인의 계좌에 '투자금' 또는 '매출' 형식으로 입금한다. 이후 A법인은 이 자금으로 암호화폐 거래소에서 비트코인이나 이더리움 같은 주요 코인을 매입한다. 자금 추적을 피하기 위해 여러 거래소를 이용하고, 수십, 수백 개의 주소로 자금을 쪼개서 전송한다.

셋째, 추적 고리 끊기(믹싱 & 체인 호핑)다. A법인은 매입한 코인을 '믹서(Mixer)'나 '텀블러(Tumbler)'라는 서비스로 보낸다. 이 서비스는 여러 사람의 코인을 한 데

섞은 뒤 재분배하여 어떤 코인이 누구의 것인지 알 수 없게 만든다. 이후, 추적이 더 어려운 프라이버시 코인(예: 모네로, 지캐시)으로 교환하거나, 여러 블록체인 네트워크를 넘나드는 '체인 호핑(Chain Hopping)'을 통해 자금의 이동 경로를 매우 복잡하게 만든다.

넷째, 자금의 합법화 및 현금화(세탁 완료)다. 추적이 거의 불가능해진 '깨끗한' 코인은 다시 A법인 명의의 거래소 계정으로 들어온다. A법인은 이 코인을 매도하여 원화(KRW)로 환전한 뒤, "정상적인 코인 투자로 얻은 수익"이라고 주장하며 법인 계좌로 출금한다. 이 돈은 이제 합법적인 사업 수익이 되어 부동산 매입, 타 법인 투자, 주주 배당 등의 형태로 자유롭게 사용할 수 있게 된다.

이 과정에서 법인 계정은 개인 계정보다 훨씬 큰 규모의 자금을 '사업 활동'이라는 명목 아래 자연스럽게 움직일 수 있고, 여러 법인을 동원하면 그 구조가 기하급수적으로 복잡해져 금융 당국의 추적이 사실상 불가능에 가까워진다. 이것이 바로 법인의 자유로운 코인 투자를 우려하는 가장 큰 이유다.

참고문헌

김정홍 외(2025). “해외금융계좌 신고와 최근동향”. LK Newsletter. https://www.leeko.com/leenko/news/newsLetterView.do?lang=KR&newsletterNo=2163.

남유선·이대훈(2024). “가상 자산 이용자 보호법의 한계와 새로운 가상 자산기본법 제정 방안”. 《법학논총》, 36(3), 297~365쪽.

박주철(2025). “2024년 세법 개정안 가상 자산 과세 유예에 대한 소고: 법학적 쟁점을 중심으로”. 《재정포럼》, 344, 10~37쪽.

심양섭

남북교육공동체 대표. 서울대학교 동양사학과를 졸업하고 연세대학교에서 석사, 성균관대학교에서 정치학 박사학위를 각각 취득하였다. 경향신문 편집부와 조선일보 사회·정치부 기자를 역임하였다. 미국 시애틀 소재 워싱턴대학교 (University of Washington, UW)에서 2001년에는 잭슨스쿨(Henry M. Jackson School of International Studies) 한국학센터 (Center for Korea Studies)의 방문 학자, 2009년에는 정치학과 (Department of Political Science)의 방문 학자로 각각 1년간 연수하였다. 그동안 아주대학교, 이화여자대학교, 숙명여자대학교, 성신여자대학교, 한림대학교, 단국대학교, 가천대학교, 경기대학교, 한국방송통신대학교에서 정치학과 신문방송학을 가르쳤다. 저서로는 《인공지능과 가상 화폐》(2025), 《인공지능과 저널리즘 》(2025), 《AI 교육의 이론과 실제》 (2024) 등이 있으며, 옮긴 책으로는 《성공하는 리더십의 조건》(공역, 2012), 《외교 원리와 실제》(2014), 《부패와 개혁의 제도주의 경제학》(2017), 《자본주의》(2017) 등이 있다. KCI(국내학술지 인용 색인) 등재 논문으로는 "한미 양국간 시민사회 연결망 구축방안 연구"(2012), "탈북 이주민의 한국 사회 편입양태와 정책적 시사점"(2017), "한국 사회 반다문화 담론의 쟁점과 실제 그리고 대응"(2016), "A Critical Viewpoint of South Korean Anti-Americanism"(2009) 등 모두 16편이 있다.